RÉQUIEM PARA O SONHO AMERICANO

NOAM CHOMSKY

RÉQUIEM PARA O SONHO AMERICANO

OS 10 PRINCÍPIOS DE CONCENTRAÇÃO DE RIQUEZA & PODER

Baseado no documentário
REQUIEM FOR THE AMERICAN DREAM
Criado e editado por
Peter Hutchison, Kelly Nyks e Jared P. Scott

Tradução de
Milton Chaves de Almeida

5ª edição

Rio de Janeiro | 2024

Copyright © 2017 by Valeria Chomsky
Publicado originalmente por Seven Stories Press, Inc., Nova York, EUA, 2017.
Publicado mediante acordo com SEVEN STORIES PRESS, em conjunto com seu agente devidamente nomeado, Villas-Boas & Moss Agência e Consultoria Literária.

Revisão técnica
Carlos Julio de Oliveira

Projeto gráfico de miolo
Miriam Lerner | Equatorium Design

Imagens de miolo
© Shutterstock

Ilustração de capa
Mark Wagner

Texto revisado segundo o novo Acordo Ortográfico da Língua Portuguesa.

2024
Impresso no Brasil.
Printed in Brazil.

CIP-BRASIL. CATALOGAÇÃO NA FONTE
SINDICATO NACIONAL DOS EDITORES DE LIVROS, RJ

C474r
5ª ed.

Chomsky, Noam, 1928-
  Réquiem para o sonho americano: os dez princípios de concentração de riqueza e poder / Noam Chomsky; tradução de Milton Chaves de Almeida. — 5. ed. — Rio de Janeiro: Bertrand Brasil, 2024.

  Tradução de: Requiem for the American dream
  Inclui bibliografia e índice
  ISBN: 978-85-286-2194-5

  1. Estados Unidos - Política e governo. 2. Estados Unidos - Política econômica. 3. Características nacionais americanas. 4. Desenvolvimento econômico - Aspectos sociais - Estados Unidos. I. Almeida, Milton Chaves de. II. Título.

17-40299
CDD: 320.973
CDU: 32(73)

Todos os direitos reservados pela:
EDITORA BERTRAND BRASIL LTDA.
Rua Argentina, 171 — 3º andar São Cristóvão
20921-380 — Rio de Janeiro — RJ
Tel.: (21) 2585-2000 — Fax: (21) 2585-2084

Não é permitida a reprodução total ou parcial desta obra, por quaisquer meios, sem a prévia autorização por escrito da Editora.

Atendimento e venda direta ao leitor:
sac@record.com.br

SUMÁRIO

Nota sobre o Sonho Americano, 9

Introdução, 13

PRINCÍPIO #1
RESTRINGIR A DEMOCRACIA **15**
Atas e debates secretos da convenção realizada na Filadélfia, no ano de 1787, e outras fontes **25**

PRINCÍPIO #2
MOLDAR A IDEOLOGIA **33**
O Memorando Powell, 1971, e outras fontes **41**

PRINCÍPIO #3
REESTRUTURAR A ECONOMIA **49**
"Um apelo para o fim da ênfase na obtenção de lucros a curto prazo", 2009, e outras fontes **61**

PRINCÍPIO #4
TRANSFERIR O FARDO **65**
Henry Ford explicando por que dobrou o salário mínimo, e outras fontes **75**

PRINCÍPIO #5
ATACAR A SOLIDARIEDADE **81**
A teoria dos sentimentos morais, 1759, e outras fontes **91**

PRINCÍPIO #6
CONTROLAR OS REGULADORES..**93**
Economia da prosperidade, 2012, e outras fontes...................................**107**

PRINCÍPIO #7
CONTROLAR ELEIÇÕES..**113**
A disputa judicial entre a Citizens United e a Comissão Eleitoral Federal, 2010, e outras fontes..**119**

PRINCÍPIO #8
MANTER A RALÉ NA LINHA..**123**
"Homens da Ford surram e escorraçam...", 1937, e outras fontes........**135**

PRINCÍPIO #9
FABRICAR O CONSENSO..**141**
Ensaios morais, políticos e literários, 1741, e outras fontes...............**151**

PRINCÍPIO #10
MARGINALIZAR A POPULAÇÃO..**157**
"Testando teorias da política americana", 2014, e outras fontes............**171**

Notas das Principais Fontes de Informação..**179**

Índice Remissivo...**184**

NOTA SOBRE O SONHO AMERICANO

A Grande Depressão, da qual tenho idade suficiente para me lembrar, foi uma experiência ruim — muito pior, pessoalmente falando, do que a crise que estamos vivendo nos dias atuais. No entanto, havia a sensação de que sairíamos daquela situação de um jeito ou de outro, movidos por uma expectativa de que as coisas iriam melhorar. "É verdade que hoje não temos empregos, mas voltaremos a tê-los em breve e poderemos trabalhar em conjunto para construirmos um futuro melhor." Foi uma época de muito radicalismo político, uma conjuntura que as pessoas esperavam que as conduzisse a um futuro diferente — um futuro com mais justiça, igualdade, liberdade, o desmantelamento das repressivas estruturas de classe e assim por diante. Havia, enfim, uma sensação generalizada de que "de alguma forma, as coisas iriam melhorar".

A maior parte de minha família, por exemplo, era formada por operários desempregados. A ascensão do movimento sindicalista foi simultaneamente o reflexo e uma fonte de otimismo e esperança. E esse espírito não existe hoje. Atualmente, impera a sensação geral de que nada voltará a ser como antes — é o fim de uma era.

O sonho americano, assim como a maioria dos sonhos, tem em si grandes componentes mitológicos. No século XIX, esse sonho era parcialmente descrito nas histórias de Horatio Alger: "Somos muito pobres, mas trabalharemos duro e acharemos uma saída", o que, até certo ponto, reflete uma verdade. Tomemos o meu pai como exemplo. Ele chegou aqui em 1913, oriundo de um povoado muito pobre da Europa oriental. Conseguiu um emprego braçal numa loja em Baltimore e, aos poucos e com muito trabalho, conseguiu ingressar numa universidade, graduar-se e até mesmo chegar a um doutorado. E acabou alcançando um estilo de vida de "classe média". Muitas pessoas conseguiram o mesmo. No passado, imigrantes vindos da Europa tinham chances de atingir um nível de riqueza, privilégios, liberdade e independência que não teria sido imaginável em seus países de origem.

Atualmente, nós sabemos que simplesmente isso não é mais possível. Aliás, atualmente o nível de mobilidade social é mais baixo aqui do que na Europa. Porém, o sonho perdura, alimentado por propaganda política. É algo que a gente ouve em todos os discursos políticos: "Vote em mim, traremos o sonho de volta." Todo mundo reitera isso com palavras semelhantes — chegamos a ouvir essa promessa de pessoas que estão destruindo o sonho, quer saibam ou não. Ainda assim, o sonho tem que continuar, pois, do contrário, como eles conseguiriam atrair pessoas para o país mais rico e poderoso da história, com vantagens extraordinárias para elas enfrentarem a realidade que as rodeia?

É realmente sem precedentes a desigualdade dos dias atuais. Se examinarmos a desigualdade total de hoje, veremos que atravessamos o pior período da história americana. No entanto, se analisarmos a questão mais profundamente, constataremos que a desigualdade se origina da situação de extrema riqueza, concentrada numa parcela minúscula correspondente a um por cento da população americana.

Tivemos períodos, como a Era Dourada da década de 1890, os Loucos Anos 20, e outros mais, quando a progressão dos fatos foi parecida com o que vemos hoje, mas o momento atual é extremo. Porque, se analisamos a distribuição de riquezas, veremos que a desigualdade é causada, principalmente, pelos extremamente ricos — literalmente, os dez mais endinheirados desse um por cento são simplesmente *super-ricos*. Isso é o resultado de mais de trinta anos de uma mudança nas políticas sociais e econômicas. Se investigarmos, descobriremos que, ao longo desses anos, as políticas governamentais foram modificadas de forma totalmente contrária aos anseios da população, com vistas a proporcionar enormes benefícios aos muito ricos. Consequentemente, para a maior parte da população, a renda real está praticamente estagnada há mais de trinta anos. Nesse sentido, no sentido ímpar do povo americano, a classe média está sob ataque.

Uma parte significativa do Sonho Americano tem a ver com mobilidade social: a pessoa nasce pobre, trabalha muito e enriquece. É a ideia de que é possível, para qualquer um, conseguir um bom emprego, comprar uma casa e um carro, bancar a educação dos filhos...

Tudo desmoronou.

INTRODUÇÃO

Observe a sociedade americana. Imagine-se em Marte, olhando para ela. O que você vê?

Nos Estados Unidos, pregam-se valores como a democracia. Numa democracia, a opinião pública influencia as políticas governamentais e depois o governo executa medidas e programas determinados pela vontade da população. Esse é o verdadeiro significado de democracia.

É importante compreender que setores poderosos e privilegiados da sociedade nunca gostaram de democracia por uma razão muito simples: a democracia põe o poder nas mãos da população e o tira dos privilegiados e poderosos.

Esse é um princípio da concentração de riqueza e poder.

O CÍRCULO VICIOSO

Concentração de riqueza proporciona concentração de poder, principalmente porque faz com que o custo das campanhas eleitorais aumente muito, o que força os partidos políticos a ficarem ainda mais dependentes e controlados pelas grandes empresas. Esse poder político logo se transforma em leis que aumentam a concentração de riqueza. Desse modo, políticas fiscais, assim como as tributárias, desregulamentação governamental, normas favorecedoras da atividade empresarial e toda uma série de medidas — medidas políticas destinadas a aumentar a concentração de riqueza e poder — propiciam mais poder político para se fazer a mesma coisa. E é isso o que temos visto. Portanto, estamos vivendo essa espécie de "círculo vicioso".

A MÁXIMA VIL

Na verdade, os ricos sempre tiveram um controle imenso sobre políticas públicas. Aliás, esse tipo de coisa existe há séculos. É tão tradicional que foi relatado por Adam Smith em 1776. Leia sua famosa obra *A riqueza das nações*, na qual ele afirma que, na Inglaterra, "os principais arquitetos das políticas" são os donos da sociedade — em sua época, eram "comerciantes e manufatores". E eles faziam tudo para que seus interesses fossem muito bem cuidados, por mais "cruel" que fosse o impacto na população da Inglaterra ou em outros países. Hoje, não são comerciantes ou manufatores, mas instituições financeiras e corporações multinacionais. São as pessoas que Adam Smith chamou de "senhores da humanidade", que adotam a "máxima vil": "Tudo para nós, e nada para os outros." Buscarão sempre políticas que os beneficiem em detrimento dos demais.

Bem, essa máxima política é bastante generalizada e tem sido muito estudada nos Estados Unidos. Os resultados de sua adoção vêm sendo postos em prática de forma cada vez mais ampla e intensa. E, na ausência de uma reação geral da população, é exatamente isso o que podemos esperar.

Princípio # 1
RESTRINGIR A DEMOCRACIA

Sempre existiu, ao longo da história americana, partindo das camadas inferiores da pirâmide social, um conflito incessante entre os que fazem pressão em prol de mais liberdade e democracia e as elites que não medem esforços, do topo dessa pirâmide, para controlar e dominar tudo e todos. É uma situação que remonta à fundação do país.

A MINORIA DOS OPULENTOS
James Madison, o principal arquiteto da Constituição americana, uma pessoa que acreditava tanto nos princípios democráticos quanto qualquer outra pessoa do mundo naquela época, achou, no entanto, que a forma de governo dos Estados Unidos deveria ser moldada — e, por iniciativa dele, foi de fato o que aconteceu — de modo que o poder ficasse nas mãos dos ricos, porque os ricos seriam mais responsáveis, aqueles que se preocupariam com os interesses do povo em geral e não apenas com interesses locais.

Portanto, a estrutura formal do sistema constitucional pôs a maior parte do poder nas mãos do Senado, lembrando que o Senado americano não era eleito naquele tempo. Aliás, isso só aconteceu há cerca de um século. Seus membros eram escolhidos por assembleias legislativas, tinham longos mandatos e eram selecionados apenas entre os ricos. Homens mais responsáveis. Pessoas que, nas palavras de Madison, tinham simpatia pelos proprietários de terras e seus direitos. E isso tinha que ser protegido.

O Senado concentrava a maior parte do poder, mas também era o que se mantinha mais distanciado da população. A Câmara dos Representantes — cujos membros se conservavam mais perto do povo — exercia na política um papel bem mais fraco. Naquela época, o chefe do executivo — o presidente — estava mais para administrador, com alguma responsabilidade em relação à política externa e outros assuntos. Tudo muito diferente dos dias atuais.

Uma questão importante era: até que ponto devemos permitir a verdadeira democracia? Madison discutiu isso com muita seriedade, nem tanto em *O federalista* — obra reunindo uma coleção de ensaios que eram uma espécie de propaganda política —, mas nos debates da Convenção Constituinte da Filadélfia, os quais são a fonte de informação mais interessante. Se lermos as atas dos debates, veremos que Madison afirmou que a maior preocupação da sociedade — de toda sociedade decente — deve ser a de "proteger a minoria opulenta contra a maioria". Palavras dele. E ele tinha argumentos.*

Madison observou que o modelo que ele tinha em mente — o da Inglaterra, logicamente — era o do país mais moderno e da sociedade politicamente organizada mais avançada da época. Ele propôs que supuséssemos uma situação em que, na Inglaterra, todas as pessoas tivessem o direito de votar. Ora, com isso a maior parte dos pobres se reuniria e se organizaria para tomar as propriedades dos ricos. Os pobres realizariam o que chama-

---

* Ver *Atas e Debates Secretos da Convenção Realizada na Filadélfia, no Ano de 1787*, na página 25.

ríamos hoje de reforma agrária: a divisão das grandes propriedades, bem como a dos estados de tradição agrícola, e dar ao povo suas terras, retirando essas terras daquilo que, não muito tempo atrás, tinha sido imposto pelo sistema de cercamentos. Com isso, os pobres votariam para retomar aquelas que haviam sido outrora terras comunitárias e se apropriar delas.

E como, acrescentou Madison, obviamente isso seria injusto, não poderia ser permitido. Desse modo, o sistema constitucional tinha que ser estruturado de forma que impedisse a democracia — a "tirania da maioria", tal como a denominavam às vezes — para assegurar que a propriedade dos opulentos não fosse atingida.

Portanto, essa é a estrutura do sistema de governo, concebida para evitar o perigo da democracia. Logicamente, em defesa de Madison poderíamos dizer que ele era um pré-capitalista. Ele achava que os ricos da nação eram uma espécie de cavalheiros romanos da galeria de mitos da época — aristocratas esclarecidos, personalidades benevolentes trabalhando e se dedicando para o bem-estar de todos e assim por diante. Era uma visão daqueles tempos. Aliás, muito comum, como podemos ver pelo fato de que o sistema de governo proposto por Madison acabou de fato sendo instituído.

Devo acrescentar que, à medida que nos aproximamos da década de 1790, veremos que Madison criticou a deterioração do sistema que ele mesmo havia criado, com agiotas e outros especuladores apoderando-se do controle, destruindo o sistema em benefício de seus próprios interesses, entre outras coisas.

Aristocratas e democratas

Havia, então, outro quadro conceitual — pintado não só com palavras, mas também, em parte, com as tintas de uma convicção pessoal — de autoria de Jefferson, o destacado teórico da democracia. Nem tanto com suas próprias ações, mas com suas conversas a respeito delas, nas quais apresentou a diferença que existe entre aqueles que chamava de aristocratas e de democratas. Ele expressou isso com muita eloquência.

Basicamente, a ideia dos aristocratas com relação ao poder é que este deve ser detido por uma classe de cidadãos especiais, pessoas muito distintas e privilegiadas, capazes de tomar decisões e fazerem a coisa certa. Já os democratas acreditavam que o poder deveria ficar nas mãos da população. Afinal, é no povo que estão as melhores decisões e, sobretudo, as ações mais sensatas. E, gostássemos ou não de suas decisões, deveríamos apoiá-las. Jefferson apoiava os democratas, e não os aristocratas. De certo modo, é o oposto da visão madisoniana, embora, como eu disse, não houvesse demorado muito para que Madison visse para onde seu sistema de governo estava indo — e essa cisão atravessou toda a história americana, perdurando até os dias atuais.*

Reduzir desigualdades

É interessante o fato de que essa questão polêmica se apresente com as vestes de uma tradição que perdura desde a mais remota antiguidade. Ela remonta à primeira obra sobre democracia, escrita no período do classicismo grego. O primeiro livro de grande importância sobre sistemas é a obra *Política*, de Aristóteles

---

* Ver "Thomas Jefferson em carta enviada a William Short, em 8 de janeiro de 1825", na página 26.

— um longo estudo em que o autor investiga diferentes espécies de sistemas de governo. Ele conclui que, de todos os sistemas que examinou, o melhor é o regime democrático. Contudo, por outro lado, assinala exatamente a mesma falha apontada por Madison. Ele não estava pensando em um país, ele pensava na cidade-estado de Atenas e, lembre-se, sua democracia era somente para homens livres. Mas Madison também pensava assim — democracia era para homens livres, nunca para mulheres e, logicamente, jamais para escravos.*

Aristóteles observou o mesmo que Madison perceberia muito tempo depois. Se Atenas fosse uma democracia para todos os homens livres, os pobres se organizariam e tomariam as propriedades dos ricos. Como vemos, é o mesmo dilema, para o qual, porém, eles tinham soluções diferentes. A de Madison consistia em *reduzir a democracia*, ou seja, organizar o sistema de modo que o poder ficasse concentrado nas mãos dos ricos, e dividir a população de forma que seus membros não conseguissem unir-se para se organizar e tomar o poder dos ricos. A solução de Aristóteles era oposta — ele propôs aquilo que hoje em dia chamaríamos de estado do bem-estar social. Ele disse que deveríamos tentar *reduzir desigualdades* com o fornecimento de refeições públicas e outras medidas apropriadas à cidade-estado. Portanto, o mesmo problema, mas soluções distintas. Uma era: reduza desigualdades e vocês não terão problemas. Já a outra era: restrinja a democracia. Ora, é justamente nessas aspirações conflitantes que temos os alicerces do nascimento do país.**

A desigualdade acarreta muitas consequências. Não é somente extremamente injusta em si mesma, mas também tem

---

* Ver *Política*, de Aristóteles, Livro III, Capítulo 8, na página 27.
** Ver *Política*, de Aristóteles, Livro VI, Capítulo 5, na página 28.

consequências altamente nocivas para a sociedade como um todo. Até mesmo em coisas como a saúde. Aliás, existem bons estudos — Richard Wilkinson e outros — demonstrando que, quanto mais desigual for a sociedade, seja ela rica ou pobre, mais graves são seus problemas de saúde. Até entre os ricos. Isso porque o próprio fato de existirem desigualdades gera um efeito corrosivo, prejudicial, nas relações sociais, na consciência das massas, na vida humana e assim por diante, tudo isso suscitando toda espécie de efeitos negativos. Ora, sabemos que essas coisas têm que ser superadas. Aristóteles tinha razão — o caminho para superarmos as contradições da democracia é tomando providências para reduzir desigualdades, e não a democracia.

Os pecados da sociedade americana

Havia, nos primórdios da nação americana, o sentimento e a esperança de um futuro sem limites, de crescente prosperidade, liberdade, realizações e poder — desde que você não prestasse muita atenção às vítimas. Os Estados Unidos eram uma sociedade de colonizadores, a mais brutal das formas de imperialismo. Seus habitantes tinham que ignorar o fato de que estavam desfrutando de uma vida de riquezas e liberdades cada vez maiores à custa da dizimação dos povos indígenas, o primeiro grande "pecado original" da sociedade americana. A escravidão em massa de outra parcela da sociedade foi o segundo grande pecado (aliás, ainda estamos convivendo com os efeitos de ambos). Depois, foi necessário fazer vista grossa também à exploração feroz de mão de obra, às conquistas ultramarinas, e por aí vai. Enfim, bastava fingir que não se viam esses pequenos detalhes para aceitar que existia alguma verdade em seus ideais. Porém, uma questão sempre se impôs: até que ponto se deveria permitir o exercício da verdadeira democracia?

Se recuarmos à época do estabelecimento da Constituição — estamos falando agora de fins do século XVIII —, veremos que havia pontos de vista conflitantes quanto à forma pela qual a nova sociedade deveria ser organizada e construída. Um componente fundamental que não deveria ser negligenciado era a influência esmagadora dos estados escravocratas. Aliás, um fator importante na deflagração da Guerra da Independência dos EUA foi a escravidão. Já em 1770, juízes britânicos — tais como Lorde Mansfield, presidindo um caso famoso — tinham declarado que a escravidão era uma imoralidade que não podia ser tolerada. Senhores de escravos americanos podiam ler essas declarações afixadas em muros. Assim, caso as colônias continuassem sob domínio britânico, em bem pouco tempo a escravidão seria abolida — e existem evidências consideráveis de que isso tenha sido um fator importante no levante, no qual os estados escravocratas foram muito influentes, sendo a Virgínia o mais poderoso. Surgiram também manifestações iniciais de oposição à escravidão na região nordeste do país, mas foram incipientes e a Constituição reflete isso.*

Anulando tendências

Quando estudamos a história dos Estados Unidos, vemos que sempre houve uma disputa constante entre essas duas tendências. Uma delas, a tendência democratizante, proveniente, em grande parte, do povo como um todo, na forma de pressão feita de baixo para cima, conquistou muitas vitórias. As mulheres, por exemplo, que representavam metade da população, conquistaram o direito ao voto na década de 1920. (Antes que nos orgulhemos dessa conquista, é bom lembrar que isso ocorreu mais ou menos na mesma

---

* Ver *Caso Judicial Somerset* versus *Stewart*, Tribunal Superior do Rei, 14 de maio de 1772, parecer de Lorde Mansfield, na página 28.

época em que houve uma drástica melhoria nos direitos das mulheres no Afeganistão.)

Os escravos foram libertados apenas *formalmente*, e não efetivamente. Na prática, eles conquistaram libertação de fato somente na década de 1960 e, mesmo assim, com muitas restrições. Na verdade, temos ainda substanciais resquícios de escravidão em nosso sistema político e socioeconômico atual, embora as exigências para se ter direito ao voto e participação política tivessem sido reduzidas no século XIX. Começamos a ver, então, o surgimento das primeiras organizações trabalhistas sérias — as quais conquistaram muitas vitórias.

Portanto, temos uma luta constante: períodos de regressão, alternando-se com fases de progresso. A década de 1960, por exemplo, foi uma época de considerável democratização. Setores da população que eram normalmente indiferentes e apáticos se tornaram organizados e participativos, e começaram a fazer pressão em prol do atendimento de suas exigências. Passaram também a ter uma participação cada vez mais profunda nas tomadas de decisão, no ativismo político e em outras coisas mais. Foi um período civilizador — acho que é por isso que chamamos de "Anos Conturbados". Simplesmente mudaram a visão predominante de muitas formas: os direitos das minorias; os direitos das mulheres; a preocupação com o meio-ambiente; a oposição a todo tipo de violência ou agressão; e a preocupação com outras pessoas.*

São efeitos do processo civilizador, que, evidentemente, causaram muito medo...

---

* Ver "Democracia é Hipocrisia", discurso de Malcolm X, 1960, na página 29; "Para Onde Devemos Ir a Partir de Agora?", discurso de Martin Luther King Jr., 16 de agosto de 1967, na página 30; e Discurso de Gaylord Nelson no Dia da Terra, 22 de abril de 1970, na página 30.

Não consegui prever o poder — mas bem que deveria —, não fui capaz de antecipar-me ao poder de reação a esses efeitos civilizadores da década de 1960. Não previ a força da reação a esses eventos — as forças econômicas que seriam usadas para lidar com eles, ou as técnicas disciplinadoras, enfim, o contragolpe.

ATAS E DEBATES SECRETOS... NO ANO DE 1787, E OUTRAS FONTES

Atas e Debates Secretos da Convenção Realizada na Filadélfia, no Ano de 1787

SENHOR MADISON. Tanto são os objetivos desta vida que, em todos os países civilizados, as sociedades se dividem conforme seus interesses. Haverá credores e devedores e uma posse desigual de bens imóveis e territoriais. É daí que surgem diferentes pontos de vista e objetivos diversos nos governos. Sem dúvida, tal é o fundamento da aristocracia e o vemos mesclado em todos os governos, tanto nos antigos quanto nos modernos. Ainda que os títulos nobiliárquicos tenham sobrevivido a propriedades, deparamo-nos com mendigos nobres, esnobes e presunçosos.

O homem dotado de riquezas, que se refestela no sofá ou circula de carruagem, não tem condições de julgar os anseios ou os sentimentos do trabalhador diarista. Temos por objetivo criar um governo que dure por muitos e muitos séculos. Atualmente, as grandes propriedades são maioria, mas, com o tempo, quando nos aproximarmos dos países e reinos da Europa; quando o número de proprietários de terras se tornar relativamente pequeno, por influência dos vários meios de comércio e manufaturas, a posse de propriedades territoriais não será contrabalançada em eleições futuras e, a menos que nos precatemos contra isso sabiamente, o que será de seu sistema de governo? Na Inglaterra dos dias atuais, se a participação no processo eleitoral fosse franqueada a todas as classes sociais, os bens dos proprietários de terras cairiam numa situação de insegurança. Uma lei agrária seria logo aprovada. Se considerar justas estas observações, nosso governo deveria tomar providências para proteger os intocáveis interesses do país contra quaisquer inovações. Portanto, os proprietários de terras deveriam ter espaço no governo, de forma que pudessem defender esses inestimáveis interesses, bem como para contrabalançar e monitorar as ações uns dos outros. Deveriam ser investidos de um poder tal que pudessem proteger a minoria dos opulentos da maioria. O Senado, pois, deve ser essa entidade governante. E, para atender esses objetivos, precisam desfrutar de perpetuidade e estabilidade. Várias têm sido as propostas apresentadas, mas, em minha opinião, quanto mais eles permanecerem em seus cargos, mais eficientemente poderão cuidar dessas formas de pensar.

Thomas Jefferson em carta enviada a William Short, em 8 de janeiro de 1825

Os homens, dependendo de suas compleições e das circunstâncias em que se encontram, exprimem suas divergências de opinião com toda franqueza. Alguns são liberais, democratas, enfim, chame-os como quiser; ao passo que outros são conservadores, submissos, aristocratas etc. Estes últimos temem o povo e querem transferir todo o poder para as classes mais altas da sociedade. Aqueles consideram o povo o mais seguro repositório do poder; em última análise, pois, vemos que eles têm grande apreço pelo povo e desejam investi-lo de todos os poderes para cujo exercício seus membros se mostrem competentes. Esta é a divisão de sentimentos que impera nos Estados Unidos na atualidade.

Política, de Aristóteles, Livro III, Capítulo 8

A verdadeira diferença entre democracia e oligarquia reside na disparidade de condições entre a pobreza e a riqueza. Onde quer que os governantes, sejam eles parte de uma maioria ou de uma minoria, detenham o poder graças a uma fonte de riquezas, seu governo é uma oligarquia. Por outro lado, onde quer que os pobres governem, isso é democracia. Geralmente, em qualquer tempo ou lugar em que os governantes detenham o poder pela força da riqueza, o número de que se constituem é pequeno, mas, onde os pobres governam, eles são muitos, pois poucos homens são ricos, embora sejam todos livres [se forem cidadãos de uma cidade-estado], e riqueza e liberdade são os alicerces em que os dois grupos se apoiam para reivindicar o direito ao poder.

Nem sempre a democracia é a forma de governo estabelecida onde quer que uma multidão de cidadãos exerça autoridade. Nem sempre a oligarquia impera onde uma minoria exerce poder e influência sobre um sistema de governo qualquer. Se a maior parte dos cidadãos de uma cidade-estado fosse rica e tivesse autoridade, ninguém chamaria seu governo de democracia, da mesma forma que, se um pequeno grupo de homens pobres tivesse controle sobre uma população rica e numericamente superior, ninguém chamaria esse grupo governante de oligarquia. No caso contrário, a democracia existe quando cada cidadão livre tem autoridade e uma oligarquia é a forma de governo estabelecida quando são os ricos que a detêm.

Só se pode falar em democracia quando existe uma maioria de homens pobres e livres que tem autoridade para governar, ao passo que oligarquia é quando o poder está nas mãos dos ricos e dos nascidos em berços aristocráticos, os quais são minoria.

Política, de Aristóteles, Livro VI, Capítulo 5

A pobreza é a causa das falhas e dos fracassos na democracia. É por isso que se deveriam tomar medidas para se garantir um permanente nível de prosperidade. É algo que interessa a todas as classes, incluindo as abastadas. Portanto, a melhor política é guardar todo rendimento extra num fundo de reservas e depois distribuir esse fundo na forma de subvenções entre os pobres. A forma ideal de distribuição, se for possível criar um fundo com bastantes reservas, é conceder essas subvenções em montantes suficientes para a compra de um lote de terras para cada um; se tanto assim não for possível, então esses subsídios deveriam pelo menos ser grandes o suficiente para ajudar esses homens a se estabelecerem no comércio ou na agricultura.

Caso Judicial Somerset versus *Stewart*, Tribunal Superior do Rei, 14 de maio de 1772, parecer de Lorde Mansfield

De tal monta é a situação da escravidão que agora se tornou impossível sua apreciação pelos Tribunais mediante simples arrazoados ou meras ilações extraídas de quaisquer princípios de que se cogite, naturais ou políticos; o cativeiro é uma instituição que só pode ter suas raízes no direito positivo; sua origem não pode provir de nenhuma outra fonte: práticas antiquíssimas preservam as tradições do direito positivo até períodos muito distantes da época de seu surgimento; os motivos, as autoridades se perdem no tempo; e, num caso tão odioso quanto a condição dos escravos, essa situação deve ser tratada com rigor; a autorização que se alega nesta certidão nunca foi dada aqui; nestas terras, nenhum dono de escravo jamais teve permissão de levá-lo à força para o exterior com o objetivo de vendê-lo porque o cativo houvesse desertado do serviço, ou por outro motivo qualquer; não podemos dizer que o fundamento legal apresentado nesta certidão é reconhecido ou aprovado pelas leis deste reino. Portanto, o negro deve ser libertado.

"Democracia é Hipocrisia", discurso de Malcolm X, 1960

Que espécie de sistema político ou social é este em que o negro não tem voz nos tribunais? Não tem nada a seu favor, a não ser aquilo que os homens brancos resolvem conceder-lhe? Meus irmãos e minhas irmãs, temos que dar um basta nisto, pois isso nunca terá fim enquanto nós mesmos não acabarmos com isso. Eles atacam a vítima e depois o criminoso que a atacou acusa a vítima de tê-lo atacado. Esta é a "justiça" americana. Isto é a "democracia" americana, e aqueles de vocês que estão familiarizados com ela sabem que, nos Estados Unidos, democracia é sinônimo de hipocrisia. Agora, se eu estiver errado, ponham-me na prisão, mas, se vocês não conseguirem provar que, nos Estados Unidos, democracia é pura hipocrisia, então nem ponham suas mãos em mim. Democracia é hipocrisia. Se democracia significa liberdade, por que nossos irmãos não são livres? Se democracia significa justiça, por que não podemos ter justiça? Se democracia significa igualdade, então por que não temos igualdade? Vinte milhões de negros neste país têm sido tratados como garotinhos na casa dos brancos. Eles chegam a nos chamar de garotos. Não importa o homem que você se torne: eles continuam a chamá-lo de garoto. Você pode até se tornar professor, mas, para eles, não passa de um garoto.

"Para Onde Devemos Ir a Partir de Agora?", discurso de Martin Luther King Jr., 16 de agosto de 1967

Quero dizer a vocês que, enquanto chego ao fim [do discurso], enquanto falamos a respeito de "para onde devemos ir a partir de agora", estamos francamente diante do fato de que o movimento deve passar a dedicar-se, de corpo e alma, ao enfrentamento da questão da necessidade de reestruturação de toda a sociedade americana. Afinal, existem 40 milhões de pobres neste país. E chega o dia em que devemos questionar: "Por que existem 40 milhões de pobres nos Estados Unidos?" E, quando começamos a fazer essa pergunta, estamos pondo em dúvida o sistema econômico, propondo discussões sobre a necessidade de uma maior distribuição de riquezas. Quando fazemos essa pergunta, começamos a questionar a economia capitalista. E estou simplesmente dizendo que, cada vez mais, temos de começar a questionar a sociedade como um todo. Recebemos apelos para ajudar mendigos desanimados na arena da luta pela vida. Mas, um dia, temos que enxergar que uma edificação que produz mendigos precisa ser reestruturada. Isso significa que precisamos fazer questionamentos. Então, meus amigos, quando lidamos com isso, começamos a perguntar: "Quem é o dono do petróleo?" E passamos a questionar: "Quem é o dono do minério de ferro?"

Discurso de Gaylord Nelson no Dia da Terra, 22 de abril de 1970

Eu os parabenizo, a vocês que, com sua presença aqui hoje, demonstram preocupação e compromisso para com um problema que é mais do que uma simples questão de sobrevivência. Esse problema crítico é a forma pela qual poderemos sobreviver.

As mobilizações do Dia da Terra são uma prova impressionante da abrangente preocupação nacional que empolga gerações e ideologias. Talvez seja o símbolo de uma nova troca de mensagens sobre nossos valores e prioridades que vem ocorrendo entre velhos e jovens.

Procurem aproveitar essa concórdia abrangente. E nunca deixem de fomentá-la. Unam-se para criar uma nova coalizão nacional cujo objetivo seja pôr a Qualidade Nacional Bruta em pé de igualdade com o Produto Nacional Bruto.

Façam uma campanha nacional para transformar a 92ª Reunião Plenária do Congresso num "Congresso Ecológico" — um Congresso que sirva para pavimentar caminhos que aproximem nossos cidadãos entre si e o homem da natureza, e não para construir mais rodovias, represas e novos armamentos que intensifiquem a corrida armamentista.

O Dia da Terra pode — e deve — proporcionar um novo senso de urgência e uma nova forma de apoio à solução de problemas que ainda ameaçam desmantelar a estrutura social [...] os problemas de raça, das guerras, da pobreza, das instituições modernas.

Princípio # 2
MOLDAR A IDEOLOGIA

Desde o início da década de 1970, forças empresariais têm empreendido uma ofensiva enorme, concentrada e coordenada, com o objetivo de tentar anular as conquistas igualitárias que perduraram ao longo dos anos do governo Nixon.

Você a verá em muitas formas. À direita, nós a vemos em documentos como o famoso *Memorando Powell* — enviado à Câmara de Comércio, o mais importante grupo de lobistas de grandes empresas, por Powell, homem que, mais tarde, seria juiz da Suprema Corte —, alertando seus integrantes para o fato de que o mundo corporativo estava perdendo o "controle" sobre a sociedade e que algo tinha de ser feito para "combater" essas forças.*

O *Memorando Powell* dizia que a classe mais perseguida nos Estados Unidos é a dos capitalistas. Os proprietários, os muito ricos, eram todos perseguidos, de acordo com o documento. Dizia que tudo havia sido dominado por esquerdistas desvairados — Herbert Marcuse, Ralph Nader, a imprensa, as universidades —, mas que, como eles tinham dinheiro, podiam reagir. E explicou que tudo que precisavam fazer era usar seu poderio econômico para salvar o que ele chamaria de "liberdade" — poder deles, no caso.

---

* Ver *O Memorando Powell*, Lewis F. Powell Jr., 1971, na página 41.

Evidentemente, ele coloca o assunto como sendo de segurança nacional, como vemos nas palavras "para nos defender de uma potência externa". Contudo, se examinarmos a questão, vemos que é um apelo ao mundo corporativo para usar seu poder econômico com o objetivo de realizar uma grande ofensiva para repelir a onda democratizante.

Excesso de democracia

Do lado do liberalismo internacional, houve uma reação muito parecida. O primeiro grande relatório da Comissão Trilateral traz essa preocupação. Ele foi intitulado *A Crise da Democracia*. A Comissão Trilateral é formada por adeptos do internacionalismo liberal de três importantes entidades internacionais — Europa, Japão e América do Norte. A essência disso pode ser exemplificada pelo fato de que a administração Carter foi formada quase exclusivamente por pessoas de suas fileiras — e isso era o extremo oposto no espectro político.*

Seus membros ficaram igualmente horrorizados com as tendências democratizantes da década de 1960 e pensaram: "Temos que nos opor a isso." Ficaram preocupados de que havia um "excesso de democracia" em desenvolvimento. Perceberam que parcelas da população, antes submissas e obedientes, como mulheres, velhos, jovens e trabalhadores — os quais são chamados às vezes de "grupos de pressão" —, estavam começando a se organizar e a tentar entrar na arena dos embates políticos. Argumentaram que isso exerceria muita pressão no sistema e que não seria possível lidar com tanta pressão assim. Concluíram, portanto, que esses

---

* Ver *A Crise da Democracia: Relatório sobre Governabilidade de Democracias Apresentado à Comissão Trilateral*, 1975, na página 43.

grupos teriam que retornar à condição de cidadãos passivos e despolitizar-se.

Estavam particularmente preocupados com o que estava acontecendo com a juventude, que se achava na linha de frente do que vinha ocorrendo na década de 1960. Acharam que os jovens estavam ficando livres e independentes demais. Segundo eles, isso refletia o fracasso do papel das escolas, universidades e igrejas — as instituições responsáveis pela "doutrinação dos jovens". A *frase é deles*, não minha. Para eles, os jovens deveriam ter o que chamaram de mais "moderação na democracia", pois aí tudo ficaria bem.

Os liberais da Comissão Trilateral passaram, então, a propor medidas para restabelecer um sistema de doutrinação com a finalidade de controlar a imprensa, de forçar as pessoas a voltarem a ser passivas e apáticas e de fazer com que o tipo "correto" de sociedade se desenvolvesse. Em todo esse espectro, tivemos várias propostas postas em prática e as mudanças na economia foram orquestradas para propiciar meios para executá-las.

Educação e doutrinação

É difícil determinar a relação direta de causa e efeito, mas é muito difícil também não enxergar as tendências gerais dessa iniciativa. Consideremos, por exemplo, a doutrinação da juventude. Desde a década de 1970, começamos a ver uma série de medidas sendo executadas para controlar estudantes universitários. Se você se lembra daquela época, imediatamente posterior à invasão do Camboja, sabe que o país estava pegando fogo. Universidades foram fechadas. As pessoas marchavam sobre Washington em manifestações de protesto, e assim por diante. Esse controle se apresenta sob muitas formas. A estrutura física das universidades sofreu mudanças. A nova arquitetura das universidades daquele período (isto, aliás, ocorreu em âmbito mundial) foi consistentemente projetada na forma que se evitasse a criação de espaços em que os estudantes pudessem reunir-se para debates, discursos ou manifestações. De forma que tivessem a opção de apenas transitar por vielas, ou algo semelhante, mas nada de coisas como o Sproul Hall de Berkeley, onde estudantes podiam se reunir para algo mais.

Desde a década de 1970, as mensalidades de universidades não pararam de aumentar, tendo alcançado agora níveis absurdos. Não acho que tenhamos documentos que comprovem que isso tenha sido fruto de um planejamento, mas podemos ver as consequências — entre outras coisas, esse aumento priva uma grande parcela da população do ensino superior. Porém, mesmo os que conseguem concluir o curso universitário, acabam presos na armadilha de uma dívida enorme. Se o aluno sai da universidade com um déficit de 100 mil dólares, fica numa armadilha. E são pouquíssimas as opções as quais ele pode recorrer. E a dívida é estruturada de tal modo que ele não consegue quitá-la. E ele não pode alegar falência, pois não se trata de dívida comercial ou pessoal. Ela é uma ameaça que rodeia a pessoa pelo resto da vida, pois eles podem mandar confiscar judicialmente o dinheiro de sua aposentadoria. Desse modo, o endividado tem que se submeter totalmente aos ditames do poder.

Algo parecido está acontecendo no âmbito escolar que vai da pré-escola ao ensino médio. A tendência, no que se refere a essa fase crítica do ensino, é restringir a capacidade de desenvolvimento a habilidades puramente mecânicas, minando a criatividade e a independência — tanto nos professores quanto nos alunos. Essa é a ideia do "ensinar para a prova", do "não deixar ninguém para trás" e do "corrida para o topo". Eu acho que isso deveria ser considerado um método de doutrinação e controle.

Logicamente, uma forma de fazer isso é simplesmente reduzir ou eliminar a educação gratuita.

O surgimento das chamadas escolas independentes é também uma operação mal dissimulada para destruir o sistema de escolas públicas. Escolas independentes são uma forma de canalizar recursos públicos para instituições particulares, artimanha que serve para minar o sistema de ensino público. Já que as instituições de ensino público não conseguem melhorar o aproveitamento escolar, ainda que contando com vantagens e outras coisas mais — e isso está acontecendo em toda parte —, então é melhor destruí-las.

Aliás, o *The New York Times* publicou um artigo citando declarações de alguns médicos que dão medicamentos a crianças de áreas pobres para tentar melhorar seu desempenho na escola, embora saibam perfeitamente que não há nada de errado com elas — o que existe mesmo é algo errado na sociedade. Aliás, eles dão a entender que aquilo que nós, como sociedade, decidimos fazer não foi transformar a sociedade, mas sim modificar as crianças. E elas são de comunidades pobres, escolas com poucos recursos e assim por diante. Como não têm bom aproveitamento, vamos entupi-las de medicamentos. Porém, não foi a sociedade como um todo que resolveu fazer isso — mas sim os donos do mundo.*

A CONDENAÇÃO DOS CRÍTICOS

A ideia de que alguém pode ser considerado "antiamericano" é interessante — na verdade, é um conceito totalitário —, porquanto não é usada em sociedades livres. Se alguém na Itália criticasse Berlusconi ou a corrupção em seu país, não seria tachado

---

* Ver "Deficit de Atenção ou Não, Comprimidos para Ajudar no Aproveitamento Escolar", *The New York Times*, Alan Schwarz, 9 de outubro de 2012, na página 46.

de "anti-italiano". As pessoas iriam simplesmente morrer de rir dessa acusação nas ruas de Roma ou de Milão. Já nos Estados totalitários, essa ideia é muito usada. Na extinta União Soviética, por exemplo, dissidentes eram chamados de "antissoviéticos" — era o pior tipo de condenação. No Brasil, durante a ditadura militar, certos cidadãos eram chamados de "antibrasileiros". No entanto, esse conceito surge apenas num ambiente em que o Estado está misturado com a sociedade, a cultura, a população e por aí vai. Portanto, se você critica o poder do Estado — e, quando falo em Estado, quero dizer não apenas o governo em si, mas o poder de seu empresariado também —, enfim, se você critica a concentração de poder, você é contrário à sociedade, você é contrário ao povo. É impressionante essa ideia ser usada nos Estados Unidos; aliás, que eu saiba, somos a única sociedade democrática em que esse conceito não é ridicularizado. É um sinal de elementos da cultura da elite, muito feios, diga-se de passagem.

É verdade, entretanto, que, em quase todas as sociedades, críticos são caluniados ou perseguidos. Dependendo do tipo de sociedade, como talvez na antiga União Soviética da década de 1980, eles seriam presos; ou em El Salvador na mesma época, onde dissidentes teriam seus miolos estourados por forças terroristas estatais apoiadas pelos EUA. Mesmo em sociedades nas quais não se vai a esses extremos, críticos são difamados e alvos de outras coisas mais. De uma forma geral, isso é quase inevitável, e nos Estados Unidos um dos termos para desqualificar os críticos é "antiamericano". Existe, logicamente, uma série de termos depreciativos, como "marxista", mas no fim das contas, isso não importa, pois estamos numa sociedade livre. Apesar do que é passível de críticas, a sociedade americana continua a ser, sob muitos aspectos, a sociedade mais livre e democrática do mundo. Existe repressão, claro, mas, entre cidadãos relativamente privilegiados, que constituem grande parte da população, desfruta-se de um alto grau de liberdade. Desse modo, se a pessoa é difamada por uma autoridade governamental ou um poderoso, ela não se importa. Simplesmente, segue em frente — continua a fazer o que tem que fazer.

O INTERESSE NACIONAL

Já com Powell, na direita, a coisa é diferente: "Nós temos dinheiro. Somos os delegatários do poder. Imporemos a devida disciplina" e por aí vai. Os liberais querem a mesma coisa, mas usam meios mais suaves para alcançar seus objetivos, mas nós temos de continuar a fazer a mesma coisa. Aliás, a Comissão Trilateral chegou a afirmar que a imprensa estava fora de controle e que, se ela continuasse a ser tão irresponsável, talvez fosse necessário impor meios de controle governamental para mantê-la na linha. E olhe que qualquer um que tenha estudado ou investigado a atuação da imprensa sabe que eles são tão conformistas que chega a ser constrangedor. Assim mesmo, o fato de se fazer esporadicamente algo que não gostam é demais para os liberais.

Se olharmos suas análises, veremos que existe um tipo de interesse que eles nunca mencionam — negócios comerciais. E faz sentido — afinal, eles não são um simples grupo de pressão, eles são o supremo interesse da nação. Por isso, claro, estão autorizados a ter seus próprios lobistas, financiar campanhas eleitorais, aparelhar o executivo, tomar decisões — tudo bem —, mas são os demais, os grupos de pressão, a população em geral, que precisa ser subjugada.

Eis, portanto, o espectro. É o nível ideológico da reação ao excesso de democracia. Porém, a maior reação, que correu paralelamente a essa, foi a reestruturação da economia.

O Memorando Powell, 1971,
E OUTRAS FONTES

***O Memorando Powell*, Lewis F. Powell Jr., 1971**

As dimensões do ataque

Nenhuma pessoa sensata pode contestar o fato de que o sistema econômico americano está sendo alvo de um ataque generalizado. Esse ataque varia em alcance, intensidade, nas técnicas empregadas e no grau de visibilidade...

As origens do ataque

Suas origens são variadas e difusas. Entre elas, estão, o que não surpreende os comunistas, os da Nova Esquerda e outros revolucionários dispostos a destruir o sistema inteiro, tanto o político quanto o econômico. Esses extremistas da esquerda são muito mais numerosos, recebem mais recursos financeiros e são cada vez mais bem acolhidos e incentivados por outros elementos de nossa sociedade, de uma forma jamais vista em nossa história. Porém, continuam a ser uma pequena minoria e ainda não podem ser considerados a causa maior de nossas preocupações.

As mais inquietantes vozes que vão se juntando ao coro dos críticos ressoam da boca de elementos perfeitamente respeitáveis de nossa sociedade: dos frequentadores de *campi* universitários, dos pregadores do púlpito, dos representantes da imprensa, dos intelectuais de jornais literários, dos professantes das artes e das ciências e até dos militantes da política. Na maior parte desses grupos, os participantes do movimento contrário ao sistema são oriundos apenas de minorias. Apesar disso, na maioria dos casos eles são os mais eloquentes, contestadores, prolíficos, em seus escritos e discursos...

O TOM DOS ATAQUES

[...] Talvez o mais eficaz oponente do empresariado americano seja Ralph Nader, que se tornou — graças, principalmente, aos meios de comunicação — uma lenda viva e ídolo de milhões de americanos. Em uma reportagem recente, a *Fortune* afirma o seguinte a respeito de Nader: "Sua maior obsessão — e ele é um homem obcecado — é esmagar totalmente o alvo de seu ódio, que é o poder das grandes empresas..."

A APATIA E A NEGLIGÊNCIA DO EMPRESARIADO

[...] As empresas americanas [estão] "simplesmente encrencadas"; a reação à enorme variedade de críticos tem sido ineficaz e chegou a envolver tentativas de conciliação; mas está na hora — aliás, já passou da hora há muito tempo — de a inteligência, a engenhosidade e os recursos do empresariado americano serem mobilizados contra os que poderiam destruí-las.

A RESPONSABILIDADE DOS EXECUTIVOS

[...] É de suma importância que os homens de negócios reconheçam que o problema maior pode ser o de sua própria sobrevivência — sobrevivência daquilo que chamamos de livre iniciativa e tudo o que isso significa para o poder e a prosperidade dos Estados Unidos e a liberdade de nosso povo.

Uma atitude mais agressiva

É chegada a hora de o empresariado americano — que demonstrou uma capacidade insuperável, ao longo de toda a nossa história, de provocar e influenciar decisões nos consumidores — aplicar vigorosamente seu grande talento na preservação do sistema em si.

A Crise da Democracia:
Relatório sobre Governabilidade de Democracias
Apresentado à Comissão Trilateral, **1975**

A força e a governabilidade da democracia americana

A década de 1960 foi palco de uma renovação drástica do espírito democrático nos Estados Unidos. Entre as tendências predominantes dessa década, podemos citar a contestação à autoridade de instituições políticas, sociais e econômicas, maior participação e controle dessas instituições por parte da população, uma reação contra a concentração de poder no governo federal no âmbito do Executivo e em favor da restauração do devido poder do Congresso, bem como dos governos estaduais e municipais, maior engajamento na defesa da ideia de igualdade por parte de intelectuais e outras elites, o surgimento de "grupos de pressão pelos interesses públicos", maior preocupação com os direitos das minorias e com oportunidades para que elas e as mulheres pudessem participar da elaboração não só de políticas públicas, mas da economia também, e críticas generalizadas contra os que possuem ou até os que apenas supostamente possuem excessivo poder ou riqueza. O espírito de protesto, o espírito de igualdade, o ímpeto na ânsia de denunciar e corrigir desigualdades contagiou todo o país. Os temas da década de 1960 eram os da Democracia Jacksoniana e sensacionalismo progressista; eles tratavam de ideias e convicções profundamente arraigadas nas tradições americanas, mas que, de uma forma geral, não inspiram o fervoroso senso de compromisso que despertavam também nos anos de 1960. Essa década foi um testemunho da força dos princípios democráticos, uma época de consolidação da democracia e de reafirmação do igualitarismo democrático...

Na década de 1960, houve também, logicamente, um aumento acentuado em outras formas de participação popular, como marchas, manifestações, movimentos de protesto e organizações defensoras de "causas" (tais como a Causa Comum, os grupos de Nader e grupos ambientalistas). A expansão da participação popular, de membros da sociedade como um todo, reflete-se no pronunciado aumento dos níveis de conscientização por parte de negros, indígenas, descendentes de mexicanos, grupos étnicos de pessoas brancas, estudantes e mulheres — todos os quais passaram a mobilizar-se e organizar-se para conquistar o que eles achavam que eram sua devida fatia do bolo na festa da participação político-econômica, mais as consequentes recompensas... Parcelas da população, antes submissas e desorganizadas, embarcavam agora na nave de intensivas campanhas para reivindicar oportunidades, cargos, benefícios e privilégios, coisas a que, antes, elas achavam que não tinham direito...

O DECLÍNIO DA AUTORIDADE PÚBLICA

[...] A essência da explosão de reivindicações democráticas da década de 1960 consistia numa contestação generalizada dos sistemas públicos e privados de autoridade existentes então.

De uma forma ou de outra, essa contestação surgiu no seio de famílias, nas universidades, no mundo corporativo, no interior de associações públicas e privadas, na política, em setores do governo e nas forças armadas. As pessoas não se sentiam mais na obrigação de obedecer àqueles que antes elas consideravam superiores a si no que se refere a idade, classe social, status, nível de especialização, caráter ou talentos [...]. É óbvio, pois, que a ideia de autoridade baseada em hierarquia, em especialização e em posse de riquezas era contrária à mentalidade democrática e igualitária daqueles tempos e, assim, ao longo dos anos 1960, os três tipos de autoridade ou condição de superioridade se tornaram alvo de ataques intensos.

Conclusão: a caminho do equilíbrio democrático

[...] Al Smith observou certa vez: "O único remédio para os males da democracia é mais democracia." No entanto, nossa análise da situação indica que a aplicação desse remédio no momento atual surtiria apenas o efeito semelhante ao produzido por alguém que pusesse mais lenha na fogueira. Porquanto, na atualidade, ao contrário do que se imagina, alguns dos problemas de governança nos Estados Unidos provêm do excesso de democracia — um "excesso de democracia" muito parecido com o sentido em que David Donald empregou a expressão para se referir às consequências da revolução jacksoniana, que ajudou a precipitar a Guerra Civil. Portanto, o necessário mesmo é mais moderação no exercício da democracia.

"Deficit de Atenção ou Não, Comprimidos para Ajudar no Aproveitamento Escolar", *The New York Times,* Alan Schwarz, 9 de outubro de 2012

CANTON, GEORGIA. — Quando o Dr. Michael Anderson ouve dizer que seus pacientes de baixa renda estão tendo dificuldades de aprendizado na escola, geralmente ele prescreve um potente medicamento: o Adderall.

Os comprimidos aumentam a concentração e controlam a impulsividade em crianças portadoras do transtorno do deficit de atenção com hiperatividade. Embora o deficit de atenção seja o diagnóstico apresentado pelo Dr. Anderson, ele chama o transtorno de algo "forjado" e "um pretexto" para prescrever os comprimidos destinados ao tratamento daquilo que ele considera a verdadeira doença dessas crianças — fraco aproveitamento escolar em escolas inadequadas.

"Não tenho alternativa", disse o Dr. Anderson, pediatra de crianças de muitas famílias pobres do condado de Cherokee, no norte de Atlanta. "Nós concluímos, a sociedade como um todo, que é caro demais modificar o ambiente das crianças. Portanto, temos que modificar as crianças."

O Dr. Anderson é um dos que mais defendem abertamente uma ideia que está despertando interesse em alguns médicos. Eles estão receitando estimulantes a alunos com dificuldade de aprendizado em escolas que sofrem com falta de recursos extras para enfrentar o problema — medida adotada não exatamente para tratar o deficit de atenção, mas para melhorar seu desempenho escolar.

Ainda não sabemos ao certo se o Dr. Anderson é apenas um representante de uma tendência crescente. Mas alguns especialistas observam que, como estudantes ricos abusam de estimulantes para aumentar ainda mais as já boas notas em escolas do Ensino Médio e universidades, os medicamentos estão sendo usados em crianças de escolas do Ensino Básico destinadas a alunos de baixa renda que tiram notas baixas e cujos pais se mostram ávidos por vê-los tendo sucesso nos estudos.

"A sociedade tem se mostrado contrária a fazer investimentos em formas de tratamento, embora muito eficientes, livres do uso de fármacos para ajudar essas crianças e suas famílias", afirmou o Dr. Ramesh Raghavan, um pesquisador do serviço de saúde mental infantil da Universidade de Washington em St. Louis e especialista na prescrição de medicamentos a crianças oriundas de comunidades de baixa renda. "Na prática, estamos forçando psiquiatras a usar o único recurso de que dispõem, que são medicamentos psicotrópicos."

Princípio # 3

REESTRUTURAR A ECONOMIA

Desde a década de 1970, um intenso esforço vem sendo feito, por parte dos "senhores da humanidade", os donos da sociedade, para mudar a economia em dois aspectos cruciais. Um aspecto desse esforço é aumentar o papel exercido pelas instituições financeiras na economia: bancos, fundos de investimento, companhias de seguros e assim por diante. Em 2007, pouco antes do estouro da crise econômica, elas detinham, literalmente, quarenta por cento dos lucros das empresas, algo muito superior ao que se viu no passado.

O papel das instituições financeiras

Na década de 1950, tal como acontecera anteriormente durante muito tempo, a economia dos Estados Unidos se baseava, em grande parte, na produção industrial. Os Estados Unidos eram o grande centro industrial do mundo. Instituições financeiras constituíam uma parcela relativamente pequena da economia e sua tarefa era distribuir ativos não utilizados, como depósitos de poupança, para fomentar a produção. Era um incentivo à economia. Implantou-se, pois, um sistema regulamentador. Bancos foram regulamentados. Bancos comerciais e de investimento foram separados e reduziu-se o número de investimentos de risco que pudessem prejudicar individualmente os cidadãos. Devemos considerar que não houve nenhuma crise financeira durante o período de regulamentação do New Deal. Na década de 1970, esse sistema mudou.

Até o início dos anos de 1970, havia no mundo um sistema de gerenciamento econômico internacional, estabelecido pelos vencedores da Segunda Guerra Mundial, os Estados Unidos e a Grã-Bretanha — Harry Dexter White pelo lado americano e John Maynard Keynes pelo lado britânico. Era conhecido pelo nome de Sistema Bretton Woods, amplamente baseado na regulamentação do uso e distribuição de capitais, de forma que as moedas dos países fossem reguladas com base no dólar, que, por sua vez, era atrelado ao ouro. Havia muito pouca especulação cambial, pois não havia espaço para isso. O Fundo Monetário Internacional vinha autorizando, e até apoiando, controles governamentais sobre a exportação de capitais. Ademais, o Banco Mundial andou financiando projetos de desenvolvimento estatais. Isso foi nas décadas de 1950 e 1960, mas, nos anos 1970, esse sistema foi desmantelado. Totalmente desmantelado. Os mecanismos de controle cambial foram revogados, ocasionando, tal como seria de se prever, um acentuado aumento da especulação cambial.

Financeirização da economia

Simultaneamente, os lucros da produção industrial — embora ainda grandes — diminuíam e as taxas estavam em declínio. Ao mesmo tempo, começou a ocorrer um aumento gigantesco nos fluxos de capitais especulativos — um aumento realmente astronômico — assim como enormes transformações no setor financeiro, abrangendo desde bancos a investimentos de risco, instrumentos financeiros complexos, manipulações cambiais e assim por diante.

Cada vez mais, o negócio do país não era a produção fabril e industrial, pelo menos no que diz respeito à produção industrial dentro dos Estados Unidos. Podia-se ver isso até na escolha de diretores de empresas. Nas décadas de 1950 e 1960, era grande a probabilidade de que o executivo-chefe escolhido para comandar uma grande empresa americana fosse um engenheiro, alguém diplomado por uma instituição como o Instituto de Tecnologia de Massachusetts (MIT), talvez em engenharia industrial. Havia a sensação na classe dos gestores e donos de empresas de que esse era o perfil ideal para lidar com a mentalidade e a natureza da sociedade — que representava, por assim dizer, a mão de obra, o mercado e que iria encarar com entusiasmo o futuro de suas respectivas corporações.

Com o tempo, essa sensação foi se revelando cada vez menos verdadeira.

Já mais recentemente, cúpulas diretoras e altas gestões de empresas passaram a ser formadas por pessoas oriundas de faculdades de administração, versadas e tarimbadas em artificiosos esquemas financeiros de várias espécies e assim por diante. E isso modificou a atitude, não só das empresas, mas também de seus dirigentes para com elas. Há menos lealdade com a empresa e mais lealdade a si mesmo. Hoje em dia, a forma pela qual se pode progredir nas corporações é mostrando bons resultados no trimestre seguinte. Não é mais o futuro de longo prazo da empresa — e sim aquilo que o executivo pode fazer no trimestre seguinte. Além do mais, isso é determinante para o seu salário, suas gratificações etc. Portanto, se agora as práticas empresariais podem ser concebidas visando à obtenção de lucros de curto prazo e, com isso, o executivo consegue ganhar rios de dinheiro mesmo que quebre a empresa — ele simplesmente leva o dinheiro e uma rescisão milionária. Esse tipo de coisa provocou uma mudança considerável na forma pela qual as empresas passaram a ser conduzidas.*

Na década de 1980, a General Electric, por exemplo, conseguiu obter mais lucros praticando especulação financeira do que se dedicando à produção industrial nos Estados Unidos. Devemos considerar também que uma parte significativa da General Electric é hoje, substancialmente, uma instituição financeira. Metade de seus lucros é obtida com a movimentação de dinheiro envolvendo esquemas complexos. Não se sabe ao certo se o que seus executivos estão fazendo tem algum valor para a economia.

---

* Ver "Um Apelo para o Fim da Ênfase na Obtenção de Lucros a Curto Prazo", *The Wall Street Journal*, Justin Lahart, 9 de setembro de 2009, na página 61.

Portanto, o que ocorreu foi um acentuado aumento no papel do setor financeiro na economia e um correspondente declínio na produção interna. É um fenômeno a que se deu o nome de "financeirização" da economia. Com ele, veio a terceirização internacional da produção.

Terceirização internacional da produção

Empresários tomaram conscientemente a decisão de esvaziar a capacidade de produção do país, transferindo os meios de produção para lugares onde há mão de obra mais barata e não existem normas de saúde e segurança no trabalho, nem restrições ambientais — como o norte do México, a China, o Vietnã e outros mais. Empresários do setor industrial continuam ganhando muito dinheiro, mas estão produzindo em outras terras. É uma opção muito lucrativa para as multinacionais — principalmente para seus gerentes, executivos e acionistas —, mas, logicamente, muito prejudicial para a população. É com imensa satisfação que a Apple, uma das maiores empresas do país, fabrica seus produtos numa câmara de torturas na China de propriedade taiwanesa — é isso mesmo, uma câmara de torturas. A Foxconn, instalada no sudoeste da China, consegue fabricar seus produtos lá com peças e componentes enviados de centros industriais circunjacentes — Japão, Singapura, Taiwan, Coreia do Sul e Estados Unidos —, numa situação em que os lucros vêm principalmente para cá, embora uma classe de milionários ou bilionários esteja se formando na China, num fenômeno típico do terceiro mundo.

Aliás, aquilo que muitos chamam de "acordos internacionais de livre comércio" não são nem um pouco *livres*. O sistema de comércio mundial foi reestruturado com a claríssima intenção de fazer com que os trabalhadores competissem uns com os outros em todo o mundo. A consequência disso é a redução do nível de renda dos trabalhadores. É um fenômeno que tem sido impressionante nos Estados Unidos, mas também está acontecendo no mundo inteiro. Significa que agora o trabalhador americano tem que competir com o superexplorado trabalhador chinês.

Por falar em China, lá a desigualdade aumentou muito. A China e os Estados Unidos são os dois exemplos mais extremos nesse aspecto. Naquele país, existem muitas campanhas de trabalhadores na tentativa de superação do problema, só que o governo chinês é muito rígido. É uma situação difícil, mas algo está sendo feito — e em todo o planeta. O que os Estados Unidos estão exportando são valores do empresariado — concentração de riqueza, tributação da classe operária, privação de direitos trabalhistas, exploração e por aí vai — é isso o que está sendo exportado no mundo real. É uma espécie de consequência automática da criação de sistemas de comércio feitos para proteger ricos e privilegiados.

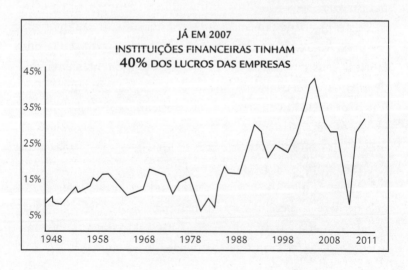

Recentemente, nos Estados Unidos, o desemprego no setor industrial chegou ao mesmo nível daquele que os americanos tiveram na Grande Depressão, mas com uma diferença fundamental: os postos de trabalho perdidos não serão recuperados, pelo menos enquanto vigorarem os programas atuais. Esses postos na indústria só serão reabertos se houver modificação nas políticas sociais, pois aqueles que comandam e conduzem a sociedade, os "senhores da humanidade" — se me permitem usar a expressão de Adam Smith mais uma vez —, pensam de outra maneira. Eles não estão interessados em fazer com que indústrias de produção em larga escala voltem para os Estados Unidos, pois podem lucrar mais explorando mão de obra superbarata em outros lugares, onde não há nenhuma restrição ambiental.

Enquanto isso, profissionais com altos salários estão protegidos. Afinal, eles não são levados a competir com seus pares de outras partes do mundo — longe disso. E, logicamente, os capitais ficam livres para se movimentar pelo globo. Já os trabalhadores não têm essa liberdade; a mão de obra não pode dar-se esse luxo, mas o capital pode. Mais uma vez, voltando a autores clássicos, como Adam Smith, ele observou que "a livre circulação de mão de obra" é o fundamento de todo sistema de livre comércio. No entanto, os trabalhadores não têm essa mobilidade. Os ricos e os privilegiados estão protegidos, e as consequências desse estado de coisas são óbvias. Como se não bastasse, eles têm o reconhecimento de alguns setores da sociedade e, aliás, são até elogiados.*

---

* Ver *Investigação sobre a Natureza e as Causas da Riqueza das Nações*, Adam Smith, 1776, na página 62.

A insegurança dos trabalhadores

Políticas são feitas para aumentar a insegurança. Alan Greenspan, quando foi sabatinado no Congresso, explicou que seu sucesso no comando da economia se devia ao fato de que ele se baseara no que chamou de necessidade de manter um grau de "insegurança maior entre os trabalhadores".* Ou seja, mantenha os trabalhadores em constante estado de insegurança, pois assim será fácil tê-los sob controle. Não farão mais reivindicações de salários dignos ou condições de trabalho decentes, tampouco de livre associação — em outras palavras, de se organizarem em sindicatos. Se os trabalhadores forem mantidos em constante estado de insegurança, não farão muitas reivindicações ou exigências. Ficarão contentes apenas pelo fato de terem emprego — sequer se importarão com tipos de trabalho horríveis ou insalubres, não reivindicarão salários dignos, não exigirão condições decentes de trabalho nem demandarão benefícios trabalhistas — e, por tal teoria, esse estado de coisas é o que se pode considerar uma economia saudável.

Nestes últimos trinta anos de estagnação econômica, foi principalmente pelo cumprimento de uma maior carga horária de trabalho que os cidadãos americanos conseguiram manter seus estilos de vida. Atualmente, a carga horária dos americanos é muito maior do que a dos europeus, os benefícios diminuíram e, para sobreviver, as pessoas estão contraindo dívidas. Quando impera uma situação de insegurança entre os trabalhadores, as pessoas se afundam cada vez mais em dívidas para continuar tentando levar uma vida normal. Estão tomando empréstimos, comprando bens desvalorizados, enfrentando

---

* Ver "Exposição de Alan Greenspan, presidente do Banco Central, perante a Comissão de Economia do Senado sobre Questões Bancárias, Habitacionais e Urbanas", 26 de fevereiro de 1997, na página 64.

preços de imóveis residenciais inflacionados, tudo isso dando a ilusão de uma riqueza que você poderia usar para o consumo, em reservas para o futuro e na educação dos filhos — é lógico que isso não pode continuar.

Atualmente, os americanos têm uma carga horária muito maior do que a de trabalhadores de outros países comparáveis ao nosso, e isso exerce sobre nossos cidadãos um efeito disciplinador — na forma de menos liberdade, menos tempo para o lazer e para pensar, mais necessidade de obedecer a ordens dos superiores e assim por diante. São grandes os efeitos suscitados por esse estado de coisas. Vemos hoje os dois membros adultos de várias famílias trabalhando, porém suas famílias estão entrando em colapso, pois não possuem a contraparte de serviços públicos como os das nações com condições econômicas semelhantes às nossas. Se as atuais tendências socioeconômicas continuarem, nossos netos se verão, em número cada vez maior, na condição de gerentes e executivos exportando empregos para o sudoeste da China — nessas áreas profissionais haverá oportunidades. Todavia, para grande parte da população, será principalmente prestação de serviços — vai todo mundo trabalhar no McDonald's.

No entanto, para os donos do mundo, está tudo ótimo. Eles obtêm lucros enormes. Contudo, para a maior parte da população, a situação é desoladora. Esses dois sistemas, financeirização e terceirização internacional da produção, fazem parte dos processos que nos levaram ao círculo vicioso da concentração de riqueza e poder. Os industriais ainda continuam ganhando muito dinheiro, mas seus meios de produção estão em terras estrangeiras. A maior parte dos lucros das maiores empresas americanas vem do exterior, e isso cria todo tipo de oportunidades para se transferir para o restante da população o fardo de se manter em condições mínimas de sobrevivência.

A reação

Nos últimos tempos, esforços vêm sendo feitos para restaurar algumas formas de medidas reguladoras, como a da Lei Dodd-Frank. No entanto, lobistas do mundo dos negócios fizeram grande pressão para que se criassem exceções e, com isso, grande parte do sistema bancário paralelo foi isentada de regulamentações. E a pressão será constante — podemos ficar certos disso — por parte de sistemas de poder para evitar qualquer restrição na expansão de seu poderio e de seus lucros. E a única forma de reação ou oposição é *você*. Com o público se opondo a essas coisas, será possível criar sistemas de controle eficazes — não apenas para controlar legalmente as atividades dos grandes bancos, mas para pressioná-los a evidenciar a legitimidade de suas operações. Essa exigência deveria ser imposta às instituições do sistema financeiro de forma ampla. Esta é outra tarefa que uma população organizada, engajada e dedicada tem de cumprir — mobilizar-se não apenas para regulá-las, mas para perguntar por que *elas estão lá*.

Lembrem-se que não é uma lei da natureza o fato de os Estados Unidos não terem mais indústrias. Por que certas decisões devem ser tomadas por dirigentes empresariais? Por que essa responsabilidade não pode ser posta nas mãos do que costumam chamar de "partes interessadas", os trabalhadores e a comunidade? Por que eles não podem decidir o futuro da indústria do aço? Por que eles mesmos não podem *administrar* a indústria do aço? São questionamentos muito sólidos. Aliás, vemos constantemente casos em que, se houvesse mobilização e militância popular suficiente, teríamos uma indústria produtiva produzindo aqui as coisas certas. Mencionarei a seguir um exemplo notável.

Depois da bolha imobiliária e do colapso financeiro, o governo assumiu quase que totalmente o controle da indústria automobilística. Ela foi praticamente nacionalizada e ficou nas mãos do governo. Ora, isso equivale a dizer nas mãos da população. O que significa também que houve escolhas que a população poderia ter feito. Se, na época, tivéssemos um público organizado e participativo, haveria escolhas através das quais pessoas como nós poderiam ter optado sobre o que fazer com relação à indústria automobilística. Porém, infelizmente, não tivemos essa organização e essa mobilização, e o que as autoridades fizeram foi o natural para beneficiar os poderosos. De uma forma geral, as indústrias do setor estavam sendo um fardo oneroso para o contribuinte e, não obstante, retornaram principalmente para as mãos dos mesmos donos — alguns rostos diferentes, mas os mesmos bancos, as mesmas instituições e assim por diante —, voltando a produzir o que vinham fabricando: automóveis.

Contudo, havia alternativa. Essa indústria poderia ter sido posta sob a responsabilidade dos trabalhadores e das comunidades, os quais poderiam ter tomado uma decisão democrática sobre o que fazer. E talvez sua decisão — acho que pelo menos a decisão *deles* — teria sido produzir aquilo de que o país precisa, não de mais carros nas ruas, mas de eficientes transportes coletivos de massa, para nosso próprio benefício, mas também para o benefício de nossos netos. Se quisermos que eles tenham um mundo com que possam sobreviver, não será com automóveis —, mas sim um mundo com meios de transporte eficientes. A adaptação dessa indústria a um novo tipo de produção não teria sido tão cara, mas, certamente, se mostraria benéfica para eles, para nós e para a posteridade. Isso teria sido possível. Coisas desse tipo acontecem o tempo todo.

O nosso país é um dos únicos, certamente uma das poucas sociedades desenvolvidas, que não têm meios de transporte de massa de alta velocidade. Você pode pegar um trem de alta velocidade de Pequim para o Cazaquistão, mas não de Nova York para Boston. Em Boston, onde eu moro, muitas pessoas gastam, literalmente, três ou quatro horas por dia para dirigir-se ao trabalho e voltar. É um desperdício absurdo de tempo. Tudo isso poderia ser superado por um sistema de transportes de massa racional, que contribuísse também para a solução do grave problema que enfrentamos — a destruição do meio ambiente. Portanto, esta é uma das coisas que poderiam ter sido feitas, embora existam muitas outras, algumas maiores, outras menores.

Enfim, não existe razão para não se fazer com que a produção, nos Estados Unidos, se dê em benefício do povo, dos trabalhadores, dos consumidores americanos e do futuro do mundo. Isso pode ser feito.

"Um apelo para o fim da ênfase na obtenção de lucros a curto prazo", 2009, e outras fontes

"Um Apelo para o Fim da Ênfase na
Obtenção de Lucros a Curto Prazo",
The Wall Street Journal, Justin Lahart,
9 de setembro de 2009

A ênfase que investidores, diretores de empresas e gerentes corporativos dão à obtenção de lucros a curto prazo se tornou tão prejudicial à economia que, a menos que mudem voluntariamente de atitude, suas empresas deveriam sofrer uma intervenção de agências reguladoras, segundo um parecer do Aspen Institute que será divulgado na quarta-feira, num documento assinado por Warren Buffett, diretor-presidente da Berkshire Hathaway, John Bogle, fundador do Vanguard Group, e Louis Gerstner, diretor-executivo da International Business Machines, entre outros signatários.

"Acreditamos que a busca da concretização de objetivos de curto prazo abalou a confiança na ideia de que as empresas de grande porte continuam a ser os alicerces da iniciativa privada americana, a qual tem sido por sua vez o sustentáculo de nossa economia", disseram os autores do parecer, assinado por 28 gerentes, investidores, professores universitários e outras personalidades.

Ao longo das últimas décadas, investidores passaram a concentrar-se cada vez mais na obtenção de resultados em curto prazo, negociando títulos com uma frequência crescente. Em 1990, por exemplo, a média do período de retenção de ações sendo negociadas na Bolsa de Valores de Nova York era de 26 meses; agora, ela corresponde a menos de nove meses. Ao mesmo tempo, as empresas passaram a centrar-se em objetivos de curto prazo também, com seus gerentes concentrando-se no alcance de metas em médio prazo, tal como vemos em estimativas de rendimentos feitas por analistas financeiros, e, por conseguinte, abrindo mão, na maioria dos casos, da adoção de medidas que promovam crescimentos de longo prazo, tais como as que envolvem pesquisa e desenvolvimento de produtos — ou até a realização de manutenções de rotina.

Investigação sobre a Natureza e as Causas da Riqueza das Nações, Adam Smith, 1776

[A] política vigente na Europa, por não deixar as coisas terem livre curso, gera outras desigualdades, muito mais graves.

São três as principais razões pelas quais a política europeia provoca essas desigualdades. Primeiro, a limitação da concorrência, no que se refere a alguns empregos, a um número menor de pessoas do que o número das que, sem essa limitação, não se sentiriam inclinadas a disputá-los; segundo, o aumento da concorrência na disputa de outros empregos além da que ocorreria naturalmente; terceiro, a criação de obstáculos à livre circulação de mão de obra e de capital, tanto de uma profissão para outra quanto de um lugar para outro. [...]

Em terceiro lugar, a política europeia, pelo fato de dificultar a livre circulação de mão de obra e capital, tanto de um emprego para outro quanto de um lugar para outro, em certos casos provoca uma desigualdade muito inconveniente no conjunto das vantagens e desvantagens dos diferentes empregos de mão de obra e de capital.

A Lei da Aprendizagem dificulta a livre circulação de mão de obra de um emprego para outro, até na mesma localidade. E os privilégios exclusivos das grandes empresas dificultam essa livre circulação de um lugar para outro, até na mesma ocupação. [...]

Tudo o que dificulta a livre circulação de mão de obra de uma profissão para outra estorva igualmente a circulação de capital de um emprego para outro, uma vez que o volume de capital que se pode aplicar em determinado setor depende muito da quantidade de mão de obra que o setor pode empregar. Todavia, as leis reguladoras das atividades comerciais criam menos obstáculos à livre circulação de capital de um emprego para outro do que à livre circulação da mão de obra. Em toda parte, é muito mais fácil um comerciante rico obter o privilégio de fazer negócios em uma grande cidade do que um artesão pobre conquistar o privilégio de trabalhar nessa cidade.

Acredito que sejam comuns a todos os países da Europa os obstáculos impostos pelas normas legais reguladoras de atividades comerciais à livre circulação de mão de obra. Entretanto, que eu saiba, são peculiares à Inglaterra os obstáculos impostos pela lei de assistência aos pobres. Esse obstáculo consiste na dificuldade que o pobre enfrenta para fixar residência em qualquer paróquia ou mesmo de conseguir permissão para exercer sua profissão naquela que não seja a que ele pertence. As leis de controle de atividades empresariais só impedem a livre circulação de artesãos e donos de manufaturas, e não de mercadorias. A dificuldade de fixar residência em outras localidades cria obstáculo até mesmo à livre circulação da mão de obra comum. Pode ser útil expormos algo sobre a origem, a evolução e o estado atual dessa desordem, talvez a maior de todas existentes na política da Inglaterra.

"Exposição de Alan Greenspan, presidente do Banco Central, perante a Comissão de Economia do Senado sobre Questões Bancárias, Habitacionais e Urbanas", 26 de fevereiro de 1997

[Um] rápido crescimento de pequenos incentivos trabalhistas, principalmente no que se refere ao componente salarial, tornou-se patente ao longo do ano passado. Porém, o ritmo do aumento de salários foi ainda consideravelmente menor do que aquele que uma análise das relações históricas com as condições do mercado de trabalho teria sido capaz de prever. Faz alguns anos que uma contenção [a]típica do aumento desses incentivos vem se mostrando patente e isso parece resultar principalmente em uma insegurança maior entre os trabalhadores. Em 1991, na pior fase da recessão, uma pesquisa feita pela International Survey Research Corporation entre trabalhadores de grandes empresas indicou que 25 por cento deles temiam ser mandados embora. Já em 1996, [...] essa mesma instituição de pesquisas descobriu que, então, 46 por cento desses trabalhadores compartilhavam tal receio.

A relutância dos trabalhadores em deixar o emprego e partir em busca de outro quando ficou mais difícil conseguir trabalho nos forneceu mais provas dessa preocupação, como foi o caso também da tendência de se estabelecerem acordos coletivos de trabalho de maior duração entre empregadores e sindicatos. Durante muitas décadas, a vigência desses contratos raramente excedia três anos. Hoje, podemos apresentar exemplos de contratos de cinco e seis anos — contratos que, geralmente, são caracterizados por uma ênfase na estabilidade no emprego e envolvem apenas modestos aumentos salariais. As poucas paralisações da jornada de trabalho atestam também essa preocupação com a estabilidade no emprego.

Desse modo, em anos recentes, a disposição dos trabalhadores para aceitar menores aumentos de salário em troca de maior estabilidade no trabalho parece razoavelmente bem-documentada.

Princípio # 4

TRANSFERIR O FARDO

O sonho americano, tal como acontece com muitos ideais, era em parte simbólico, mas em parte era algo real. As décadas de 1950 e 1960, por exemplo, foram o período de maior crescimento da economia na história americana. Os Anos Dourados.

Foi um crescimento muito igualitário, de modo que a quinta parte menos favorecida da população estava conseguindo melhorar de vida tanto quanto a quinta parte mais favorecida. E houve também a execução de algumas medidas de bem-estar social, que melhoraram a vida de grande parte da população. Foi possível para um trabalhador negro, por exemplo, conseguir um bom emprego numa fábrica de automóveis, comprar uma casa e um carro, pagar a educação dos filhos e assim por diante. Aconteceu com todos.

Quando os Estados Unidos eram predominantemente um centro industrial, o país tinha que se preocupar com seus próprios consumidores — aqui, em casa. Aliás, é famosa a ocasião em que Henry Ford aumentou o salário de seus empregados para que pudessem comprar carros.*

---

* Ver "Henry Ford explicando por que dobrou o salário mínimo de seus empregados", na página 75.

Plutonomia e precariado

Recentemente, o Citigroup, um dos maiores bancos em operação, publicou um estudo para investidores no qual seus executivos identificam uma nova categoria no mundo — o que ele chamou de "plutonomia", ou pessoas detentoras de muitas riquezas. Os que fazem parte da plutonomia são os principais propulsores da economia — eles são os maiores consumidores, pois é para eles que todas as riquezas convergem —, o Citigroup criou uma "carteira de investimentos da plutonomia". A instituição tem essa carteira desde meados dos anos 1980, quando Reagan e Thatcher promoveram políticas radicais de enriquecimento dos muito ricos, deixando todo o restante da população sofrendo. Os executivos do Citi chegaram a acentuar que essa carteira de investimentos superou e muito as de outros setores da economia e aconselharam investidores a concentrar seus investimentos na plutonomia. Portanto, na pequena parcela da população mundial, reunindo-se numa classe detentora de riquezas cada vez maiores — é nisso que eles se concentram agora. Quanto ao resto dos seres humanos, esqueça.*

Quando um grande empresário ou empresa passa a concentrar seus interesses numa plutonomia internacional, o que acontece com os consumidores americanos é o que menos importa, até porque a maioria deles não vai mesmo consumir seus produtos, pelo menos não de forma considerável. Suas metas são o lucro do próximo trimestre — mesmo que baseado em manipulações financeiras —, altos salários, polpudas gratificações, transferência da produção para o exterior, se necessário, e fabricação de seus produtos para as classes ricas da-

---

* Ver *Plutonomia: Consumo de Artigos de Luxo, Explicação dos Desequilíbrios Globais*, Citigroup, 16 de outubro de 2005, na página 75.

qui e de suas congêneres no estrangeiro (principalmente dos países anglófonos — Estados Unidos, Grã-Bretanha, Canadá e outros mais). Aliás, o mercado para seus produtos pode estar em qualquer parte do mundo. Eles podem vender seus iPhones em qualquer lugar. Então a preocupação para com a saúde da sociedade diminuiu muito. Quando, sessenta anos atrás, o presidente da General Motors disse "O que é bom para a GM é bom para o país", fez uma afirmação que tem algo de verdadeiro. Só que o contrário é verdadeiro também: "O que é bom para o país é bom para a GM." Mas, na atual e crescente economia de financeirização ou de terceirização, isso é bem menos verdadeiro.*

Naturalmente, esses executivos sempre se preocuparam com seus salários, mas agora isso se tornou uma obsessão — substituindo a preocupação para com a viabilidade comercial da empresa e, aliás, com a viabilidade do país. Essa tem sido a tendência desde as grandes mudanças que aconteceram a partir do final da década de 1970. Repito, essas mudanças são a crescente financeirização — especulação financeira, uso de complexos instrumentos financeiros, manipulação das taxas de câmbio — e, principalmente, a internacionalização da produção.

Portanto, como se vê, houve uma mudança generalizada na atitude dos agentes do mercado. Do ponto de vista dos estrategistas político-econômicos, o futuro de longo prazo do país não tem muita importância. O que importa mesmo são apenas os setores da sociedade que mantêm privilégios. Eles precisam ter um Estado poderoso para subsidiar pesquisas e

---

* Ver "Excertos da sabatina, pela Comissão do Senado sobre assuntos das Forças Armadas, do presidente da GM Charles E. Wilson quando foi designado ministro da Defesa", 1953, na página 77.

desenvolvimento nas mais diversas áreas, fornecer proteção se enfrentarem dificuldades, a ponto de precisarem ser socorridos, e ter uma poderosa força militar para controlar o mundo. São fatores de grande importância. Contudo, se, digamos, três quartos da população caírem na estagnação, isso não lhes é preocupante — aliás, o que acontecer com a próxima geração lhes é ainda menos preocupante.

Nos tempos atuais, a plutonomia está seguindo com muito mais rigor a máxima vil de Adam Smith: "Tudo para nós, e nada para os outros." E para o restante? Há um termo para eles que vem ganhando força também. Eles são chamados de "precariado", ou "proletariado em situação precária" — ou seja, os trabalhadores do mundo que vão levando uma vida cada vez mais precária. Portanto, vemos o precariado vivendo com insegurança e precariedade, sobrevivendo do jeito que podem, muitos deles em terríveis condições de pobreza, além de outros sofrimentos. Ainda assim, a recomendação do Citigroup (empresa que, por uma questão de justiça, deveria pertencer à população agora, já que foram muitas as vezes em que ele foi resgatado de desastres financeiros —, mas pouco importa, o grupo está indo muito bem e está mais rico do que nunca), enfim, a recomendação do grupo é que investidores concentrem sua atenção na plutonomia. Este estado de coisas é um problema muito sério, pois estamos caminhando para a beira do abismo. Entretanto, na visão dos donos do mundo, isso não tem muita importância — afinal: "Desde que ganhemos rios de dinheiro amanhã, quem se importa se nossos netos não tiverem um mundo para viver no futuro?" Na verdade, essa atitude atinge o país como um todo.

Bom, é uma divisão que existe no mundo inteiro. Na China, a situação é a mesma — o país tem uma força de trabalho extremamente oprimida, sem o amparo de nenhum sindicato independente, presenciando dezenas de milhares de protestos de trabalhadores a cada ano, e, logicamente, tem os super-ricos. Na Índia é ainda mais extremo. Já em outros países em desenvolvimento, a situação está mudando um pouco, como nos da América Latina. Consideremos o caso do Brasil, por exemplo, um país de muita importância, onde tem havido consideráveis tentativas para enfrentar as tremendas desigualdades e o assombroso problema da pobreza e da fome nos últimos dez anos. Todavia, de uma forma geral, acho que a análise do Citigroup é bastante precisa — há uma plutonomia, que é muito rica, enquanto o restante da população se vira como pode.

Redução de impostos

Durante o período de grande crescimento de nossa economia — anos 1950 e 1960, embora, para ser mais exato, mesmo antes — a carga tributária incidente sobre os ricos era muito maior. E os impostos pagos pelas grandes empresas eram efetivamente mais altos — os tributos incidentes sobre dividendos eram substancialmente maiores. Mas isso mudou, e a tendência atual é de redução de impostos sobre os muito ricos. O sistema tributário sofreu uma reformulação, de modo que os impostos pagos pelos muito ricos caíram e, consequentemente, a carga tributária incidente sobre o restante da população aumentou. A tendência agora é tentar fazer com que os impostos recaiam apenas nos salários e no consumo — afinal, por uma questão de necessidade ou sobrevivência, consumir é algo que todo mundo tem de fazer —, em vez de, digamos, dos dividendos, que vão apenas para os ricos. Essa mudança provocou um enorme deslocamento da carga tributária. E os números são impressionantes.

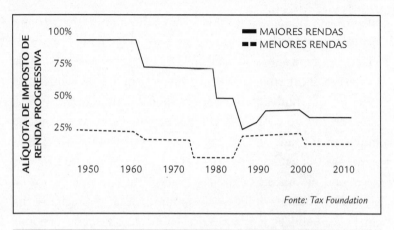

Fonte: Tax Foundation

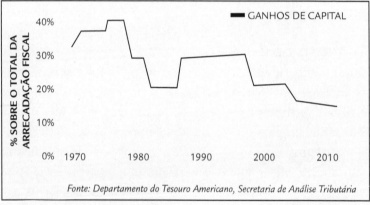

Fonte: Departamento do Tesouro Americano, Secretaria de Análise Tributária

Todavia, eles têm uma justificativa — sim, claro, eles sempre têm. Neste caso, a justificativa é a seguinte: "Ora, isso aumenta os investimentos e o número de empregos." No entanto, não existem provas de que isso acontece. Se eles querem aumentar o número de empregos e ampliar os investimentos, o que precisam fazer é aumentar a demanda. Até porque, se houver demanda, investidores farão investimentos para satisfazê-la. Se quiserem aumentar os investimentos, deem dinheiro aos pobres e aos trabalhadores para que o gastem, não em iates e férias no Caribe, mas na compra de bens de consumo. Os pobres e trabalhadores gastam o que ganham por uma questão de sobrevivência. Isso estimula a produção, incentiva os investimentos, promove o emprego e por aí vai.

Porém, se a pessoa é uma ideóloga defensora dos interesses dos donos do mundo, segue uma linha de raciocínio diferente. Mesmo que não existam provas que justifiquem sua tese e mesmo que, economicamente, elas não façam nenhum sentido. Na verdade, o atual estado de coisas é quase um absurdo — as grandes empresas estão transbordando em dinheiro. Não é, pois, que elas disponham de pouco capital. A Goldman Sachs, por exemplo, um dos maiores perpetradores da última crise financeira, está agora tão rica — graças às operações de resgate financeiro do governo, a socorros na forma de isenção de impostos ou a perdão de dívidas tributárias — que está se preparando para a próxima crise. E, nas mãos de seus donos, o que não existe é escassez de capital. Desse modo, encher as mãos de seus executivos de mais dinheiro não tem por finalidade aumentar investimentos ou, no termo que costumam usar, gerar "empregos" — na verdade, o termo é apenas um artifício —, mas, simplesmente, aumentar a extraordinária concentração de riqueza e, com isso, consolidar a estagnação do restante da população. Acontece que isso é justamente o que se pode esperar quando se põe dinheiro nas mãos daqueles que seguem a máxima vil — aumentar os lucros e maximizar o poder. "Tudo para nós, e nada para os outros."*

De fato, a General Electric não paga nenhum imposto, embora venha conseguindo lucros enormes. Isso permite que eles transfiram os lucros para outros lugares ou até adiem a aplicação

---

* Ver *Pesquisa Econômica: Como a Crescente Desigualdade Está Prejudicando o Crescimento Econômico e Quais as Possíveis Soluções para Reverter Essa Tendência*, Standard & Poor's, 5 de agosto de 2014, na página 78.

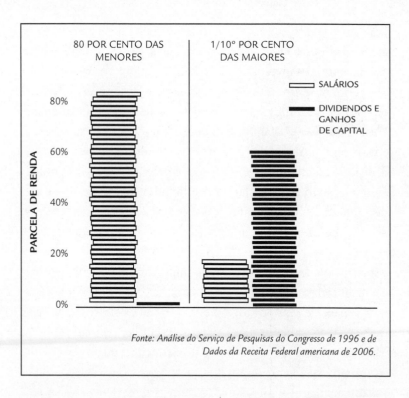

Fonte: Análise do Serviço de Pesquisas do Congresso de 1996 e de Dados da Receita Federal americana de 2006.

deles, mas pagar impostos, de jeito nenhum — e isso é bastante comum. As grandes corporações americanas transferiram para o restante da população o fardo de manter a sociedade.

Transferindo de volta

De uma forma geral, a questão do aumento dos impostos dos ricos tem recebido forte apoio até de pessoas como as que votaram em Donald Trump em 2016 — eleitores que, quando analisamos, assumem atitudes social-democratas. Atitudes do tipo: "Abaixo o governo! Mais verbas para a educação, a saúde e mais ajuda para mulheres com filhos menores!" Não defendem o estado de bem-estar social, pois isso foi eficazmente demonizado — caso você se lembre das histórias de Ronald Reagan, bem-estar social significa um homem negro roubando o seu dinheiro num gabinete do governo. Mas defendem aquilo que o bem-estar pode proporcionar. De uma forma geral, o povo quer isso.

Tomemos o exemplo da campanha eleitoral de Bernie Sanders em 2016 — em toda parte, seus pontos de vista e suas posturas tiveram um apoio considerável do povo, ou talvez até um apoio majoritário, e eram bem comuns até pouco tempo atrás. De certa forma, a "revolução política" que Bernie Sanders pedia não teria surpreendido muito a Dwight Eisenhower. Nos últimos tempos, o espectro político dominante se deslocou de tal forma para a direita que o desejo majoritário da população e o que era o convencional soa agora radical ou extremista. Depende de nós fazer as coisas voltarem a ser como antes. Nos dias atuais, os democratas são muito parecidos com os que se costumava denominar de republicanos moderados, o tipo de republicanos partidários do pensamento de Nelson Rockefeller. Essa é hoje a posição predominante entre membros do Partido Democrata. Já os republicanos simplesmente estão fora desse âmbito — e nem sequer podemos dizer que ainda constituem um partido político de fato.

Os republicanos se deslocaram tanto para uma vertente de dedicação aos interesses dos ricos e do setor das grandes empresas que não podem alimentar a esperança de receber votos de eleitores que apoiem seus programas atuais. Por isso, passaram a mobilizar setores da população que sempre existiram, mas não como uma força de coesão política organizada: evangélicos, nativistas, racistas e vítimas de formas da globalização concebidas para fazer com que trabalhadores de todos os quadrantes do mundo resolvam competir entre si e, ao mesmo tempo, acabem protegendo os privilegiados. Esse *modus operandi* mina as medidas legais e outras mais que proporcionaram alguma proteção aos trabalhadores, além de outras formas de eles influenciarem tomadas de decisões em setores públicos e privados, principalmente quando estes últimos têm sindicatos eficazes.

Portanto, a grande questão é: é possível prosseguir com essa maciça mobilização popular e ampliá-la, de modo que se transforme numa força eficiente e capaz de inverter as tendências retrógadas que criaram uma situação horrível neste país?

HENRY FORD EXPLICANDO POR QUE DOBROU O SALÁRIO MÍNIMO, E OUTRAS FONTES

Henry Ford explicando por que dobrou o salário mínimo de seus empregados

O dono do negócio, seus funcionários e os consumidores são uma só e a mesma coisa. E, a menos que uma indústria seja capaz de gerenciar-se de forma que consiga manter os salários elevados e os preços baixos, ela acaba se arruinando, pois, se não fizer isso, pode limitar o número dos consumidores de seus produtos. Os próprios funcionários do proprietário do negócio devem ser seus melhores consumidores.

É essa mentalidade de aumentar o poder de compra, pagando bons salários e vendendo a preços baixos, que está por trás da prosperidade deste país.

Plutonomia: Consumo de Artigos de Luxo, Explicação dos Desequilíbrios Globais, Citigroup, 16 de outubro de 2005

O mundo está se dividindo em dois blocos — as plutonomias, nas quais o crescimento econômico é impulsionado e amplamente consumido pelos poucos super-ricos e o do restante da população global. Houve tempos de plutonomia na Espanha do século XVI, na Holanda do século XVII e, nos EUA, na Era Dourada (pós-Guerra Civil) e nos Loucos Anos 20 do século passado. E quais são as tradicionais forças motrizes da plutonomia? Ganhos de produção com o uso intensivo de tecnologia inovadora, criativas inovações financeiras, cooperação de governos favoráveis ao capitalismo, uma dimensão global de imigração e conquistas internacionais para incentivar o aumento de riquezas, o legalismo e o patenteamento de invenções. Na maioria das vezes, essas ondas de expansão de riqueza envolvem grande complexidade, exploradas com mais eficiência pelas pessoas ricas e instruídas das épocas em que ocorrem.

[...] Prevemos que as plutonomias (os EUA, o Reino Unido e o Canadá) se deparem provavelmente com um problema de desigualdade de renda ainda maior, fomentando exageradamente um aumento suplementar da concentrada partilha de lucros e rendimentos em suas economias, governos favoráveis ao capitalismo, produtividade intensivamente alicerçada em recursos tecnológicos avançados e da globalização [...].

Na plutonomia, não existe um animal como "o consumidor americano" ou como "o consumidor britânico", ou mesmo "o consumidor russo". Existem apenas consumidores ricos, cujo número é pequeníssimo e, pois, desproporcional na gigantesca fatia de renda e consumo que os alimenta. Por outro lado, temos o restante da população, os "não ricos", uma multidão numerosíssima, mas que, surpreendentemente, fica apenas com as migalhas do bolo das riquezas nacionais [...]

Além disso, logicamente os plutocratas/empreendedores dos mercados emergentes (oligarquias russas, magnatas chineses dos setores imobiliário e industrial, os próceres hindus da indústria da informática, os barões do petróleo e da agropecuária latino-americanos), beneficiando-se desproporcionalmente da globalização, vão se diversificando no mercado de bens de capital das plutonomias desenvolvidas [...]. Não temos dúvidas de que "plutos" gostem de andar juntos.

SERÁ QUE UMA FORTE REAÇÃO ESTÁ GANHANDO FORMA?
[...] A concentração de riqueza e o controle de gastos públicos nas mãos de uns poucos talvez tenham limites. O que poderia fazer com que o elástico arrebentasse? [...]

A ameaça está em uma forte reação social [...] a mão invisível para de funcionar. Talvez uma das razões pelas quais as sociedades aceitam a existência de uma plutonomia esteja no fato de que boa parte do eleitorado acredita que pode se tornar um pluto-participante. Por que aniquilá-la se a pessoa pode ingressar nela? Em certo sentido, essa atitude é a encarnação do "sonho americano". Porém, se os eleitores sentem que não podem participar, é bem provável que se vejam mais inclinados a repartir o bolo da riqueza do que tentar alimentar o sonho de ficarem muito ricos.

Poderiam as plutonomias findar porque o sonho está morto, pois grande parcela da sociedade não acredita que pode participar? A resposta, logicamente, é sim.

[...] Nossa conclusão é que uma forte reação contra a plutonomia poderá ocorrer algum dia. Contudo, esse dia não faz parte dos tempos atuais.

Excertos da sabatina, pela Comissão do Senado sobre assuntos das Forças Armadas, do presidente da GM Charles E. Wilson quando foi designado ministro da Defesa, 1953

SENADOR HENDRICKSON. Gostaria de saber agora se, em prol dos interesses do governo americano, caso houvesse uma situação em que o senhor tivesse que tomar uma decisão que fosse extremamente contrária aos interesses de seu prestígio e da General Motors Corp. ou de quaisquer das outras empresas, ou mesmo extremamente prejudicial à sua empresa, o senhor seria capaz de tomar essa decisão.

SENHOR WILSON. Sim, senhor, eu seria. Não consigo imaginar nenhuma porque, durante anos, achei que aquilo que era bom para o nosso país era bom para a General Motors e vice-versa. Não existia diferença entre ambos.

Pesquisa Econômica: Como a Crescente Desigualdade Está Prejudicando o Crescimento Econômico e Quais as Possíveis Soluções para Reverter Essa Tendência, Standard & Poor's, 5 de agosto de 2014

O problema da má distribuição de renda e seus efeitos tem sido objeto de incontáveis estudos que remontam a várias gerações do passado longínquo e atravessaram as fronteiras da geopolítica internacional. Apesar da tendência de se debater esse tema com base em critérios morais, as questões fundamentais do problema são econômicas: A economia dos Estados Unidos ficaria em melhor situação se fosse menor a desigualdade econômica? E, se a má distribuição de renda prejudica o crescimento, quais soluções poderiam causar mais malefícios do que benefícios e quais seriam capazes de tornar a fatia do bolo da economia maior para todos?

Considerando-se as muitas décadas — na verdade, os séculos — de debates sobre o assunto, não surpreende o fato de que as respostas sejam complexas. É normal esperarmos certa desigualdade em qualquer economia de mercado. Isso faz com que ela funcione eficientemente, incentivando investimentos e sua expansão — mas desigualdade demais pode prejudicar o crescimento.

Altos índices de disparidade de renda aumentam as pressões políticas, desestimulando o comércio, os investimentos e o aumento do emprego. Keynes foi dos primeiros economistas a demonstrar que a má distribuição de renda pode levar famílias prósperas (incluindo as americanas) a aumentar seus níveis de poupança e reduzir o consumo, ao passo que as com menos recursos passam a tomar empréstimos para manter seus patamares de consumo [...] até que, por fim, essas opções acabem se extinguindo. Quando não é mais possível suportar esses desequilíbrios, vemos a ocorrência de um ciclo de crescimento e queda da atividade econômica, tal como o que culminou na Grande Recessão.

Além dos extremados altos e baixos da economia, esses grandes desequilíbrios de renda tendem a enfraquecer a mobilidade social e produzir uma força de trabalho com pessoas menos instruídas, incapazes de competir numa economia globalizada, em constante transformação. Isso reduz as perspectivas de futuras melhoras do nível de renda e do crescimento de longo prazo, arraigando-se no solo do local em que a disparidade salarial se instalou, à medida que suas repercussões políticas vão ampliando os problemas [...].

Nossa análise dos dados, bem como as muitas pesquisas que fizemos sobre o assunto, nos leva a concluir que o atual nível de disparidade de renda nos Estados Unidos está prejudicando o crescimento do PIB, numa época em que a maior economia do mundo vem lutando para se recuperar da Grande Recessão e o governo está precisando de recursos para cuidar de uma população em processo de envelhecimento.

Princípio # 5

ATACAR A SOLIDARIEDADE

A solidariedade é algo muito perigoso. Do ponto de vista dos senhores da humanidade, você só deve cuidar de si mesmo e não dos outros. É uma visão muito diferente daquela das pessoas que eles alegam considerar seus heróis, como Adam Smith,* que baseou todo o seu enfoque à economia no princípio de que a *simpatia* é um traço fundamental da personalidade humana, mas, para os nossos senhores, isso tem que ser extirpado de nossas cabeças. Você tem que se preocupar apenas com si mesmo e seguir a máxima vil — "não se importar com os outros" —, atitude normal para os ricos e poderosos, mas devastadora para todo o restante da humanidade. Tem sido necessário muito esforço para apagar esse tipo de sentimento da cabeça das pessoas.

Vemos isso na elaboração de políticas públicas — por exemplo, no ataque contra a Previdência Social. Tem-se falado muito na crise da Previdência Social, mas ela simplesmente não existe. A Previdência está em muito boa situação — tão boa quanto sempre esteve. O sistema de Previdência Social é uma instituição muito eficiente e não tem custo administrativo quase nenhum. E, embora exista a possibilidade de uma crise daqui a algumas

---

* Ver *A Teoria dos Sentimentos Morais*, Adam Smith, 1759, na página 91.

décadas, dispomos de uma maneira fácil de vencê-la. No entanto, debates em torno de políticas públicas se concentram nela sobretudo porque os senhores não querem que exista — eles sempre a odiaram, pois ela beneficia o povo de uma forma geral. Contudo, existe outro motivo que os faz odiá-la.

A Previdência Social se baseia em um princípio. É baseada no princípio de *solidariedade*. Solidariedade: interesse e cuidado para com os outros. Previdência Social significa o seguinte: "Eu pago encargos sociais para que a viúva do outro lado da cidade tenha algo com que possa sobreviver." No que se refere à maior parte da população, é assim que funciona. Como a Previdência não tem nenhuma utilidade para os muito ricos, existe então um plano sistemático para destruí-la. Uma das possíveis formas para se fazer isso é cortar verbas destinadas a ela. Ora, você quer destruir um sistema? A primeira coisa a fazer é cortar suas verbas. Feito isso, não funcionará mais. As pessoas ficarão revoltadas e depois vão querer outra coisa que a substitua. É uma técnica padrão, a que se costuma recorrer para se conseguir a privatização de um determinado sistema.*

O ATAQUE CONTRA O SISTEMA DE ENSINO PÚBLICO

Vemos o emprego dessa técnica também no ataque às escolas públicas. Estas também se baseiam no princípio da solidariedade. Eu mesmo não tenho mais filhos na escola, pois já são adultos, mas o princípio da solidariedade diz: "Pago impostos com satisfação, de forma que as crianças do outro lado da rua possam estudar." Isso é um sentimento normal do ser humano. Eles querem *tirar isso* da cabeça das pessoas. "Eu não tenho

---

* Ver Lei da Previdência Social de 1935, na página 91.

crianças na escola. Então por que tenho de pagar impostos? Privatizem-na!", e por aí vai. O sistema de ensino público — da creche ao ensino superior — está sendo alvo de um ataque severo. Até porque é uma das joias mais cobiçadas da sociedade americana.

Voltemos aos Anos Dourados mais uma vez, o período de grande crescimento das décadas de 1950 e 1960. Esse crescimento se deveu, em grande medida, à gratuidade do sistema de ensino público. Um dos resultados da Segunda Guerra Mundial foi a Lei de Reintegração Social de Ex-Combatentes, a qual possibilitou que veteranos — e não deixe de levar em conta que eles representavam uma grande parcela da população na época — frequentassem a universidade. Sem ela, eles não teriam tido condições de fazer isso. Portanto, sua formação educacional se deu, principalmente, pelo ensino gratuito. Eu mesmo entrei para a faculdade em 1945 — eu não era um ex-combatente, eu era bem jovem, mas meus estudos universitários foram basicamente gratuitos. A minha faculdade era tradicional, uma das integrantes da chamada Ivy League, a Universidade da Pensilvânia, e embora a mensalidade chegasse a cem dólares, a pessoa conseguia uma bolsa de estudos facilmente.*

Devo também dizer que os jovens que frequentavam as faculdades naquela época eram todos brancos. Aliás, a Lei de Reintegração de Ex-Combatentes e muitos outros programas sociais foram elaborados com base em princípios racistas que continuam profundamente arraigados em nossa história e que, de forma alguma, foram superados. Descontando isso, desde o século XIX os Estados Unidos estiveram muito à frente de outros países, em

---

* Ver Lei de Reintegração de Ex-Combatentes de 1944, na página 92.

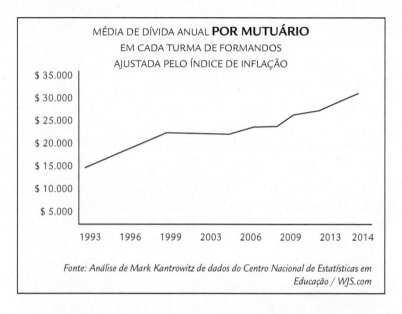

Fonte: Análise de Mark Kantrowitz de dados do Centro Nacional de Estatísticas em Educação / WJS.com

todos os níveis, no desenvolvimento de um sistema de ensino público voltado para as massas.

Contudo, agora, em mais da metade dos estados americanos, a maior parte do financiamento das faculdades estaduais vem de mensalidades, e não mais do Estado. Isso representa uma mudança radical nas relações de ensino e um fardo terrível nos ombros dos estudantes. Significa que eles, caso não provenham de famílias muito ricas, acabam concluindo o curso universitário com uma grande dívida. E, se a pessoa tem uma dívida grande, está numa enrascada. Quero dizer com isso que o estudante que tivesse o sonho de tornar-se um advogado público pode acabar tendo de ingressar num grande escritório de advocacia, especializado em direito societário, para poder pagar sua dívida. E, quando a pessoa passa a fazer parte desse mundo, geralmente não consegue sair de lá. Isso acontece com a maioria dos que nele ingressam.

Na década de 1950, de uma forma geral a sociedade era bem mais pobre do que a atual e, no entanto, conseguia prover facilmente às massas os meios de cursar o ensino superior quase que gratuitamente. Hoje, uma sociedade muito mais rica alega que não tem recursos para isso. É o tipo de coisa que está acontecendo bem diante de nossos olhos. Tal é o ataque generalizado a princípios que são não apenas humanos, mas também a *base* da prosperidade e da saúde desta sociedade.

Privatização

É um ataque constante. Consideremos, por exemplo, algumas das propostas para o Medicare — basicamente, elas estão acabando com o Medicare e, assim, privatizando-o. Essas propostas são cuidadosamente elaboradas, de maneira que, no início, isentem de obrigações pessoas acima de 55 anos de idade, as quais constituem uma parte considerável do eleitorado. Afinal, para que eles consigam fazer com que elas sejam aprovadas pelo Legislativo, devem cuidar de conquistar os eleitores. Assim, agem movidos pela esperança de que as pessoas idosas acabem se tornando tão cruéis que se sintam dispostas a punir os filhos e os netos para que consigam arcar com os custos de um plano de saúde decente. É nisso que o princípio se baseia.

E, logicamente, à medida que seus filhos forem crescendo e seus netos começarem a entrar no sistema, serão vítimas dos grandes cortes nos serviços de saúde que resultarão da criação desses programas. Eles são concebidos com base no "princípio do envelhecimento ativo", de forma que a principal parcela do eleitorado se sinta inclinada a aprová-los. E, quando a legislação tiver sido aprovada, então o restante da população — incluindo seus filhos e netos — será o universo de gente que terá de arcar com os trilhões de dólares em despesas para ter assistência médica.

Somos o único país no mundo moderno que tem um sistema de saúde baseado, principalmente, num serviço de assistência médica privada que funciona quase sem controle de nenhuma norma legal, além de ser extremamente ineficiente e muito caro, com todo tipo de custos administrativos, burocracia, vigilância, esquema de cobrança rudimentar — coisas que simplesmente não existem em sistemas de saúde racionais. E não estou me referindo a nenhuma espécie de utopia — afinal, quase todas as outras sociedades industrializadas os têm e, aliás, eles são muito mais eficientes, tanto nos custos quanto nos resultados, do que este que temos nos Estados Unidos. Isso é um escândalo, sem falar nos milhões de pessoas que não têm *nenhum* seguro de saúde e vivem num estado de insegurança ainda maior.

Devo dizer que não são apenas as companhias de seguro e as instituições financeiras que estão por trás disso, mas também as grandes indústrias farmacêuticas. Acho que os Estados Unidos são o único país do mundo em que o governo é proibido, por lei, de negociar os preços de medicamentos. Assim, por exemplo, o Pentágono pode negociar os preços de lápis, mas o governo não pode negociar preços de medicamentos para o Medicare e o Medicaid. Aliás, existe uma exceção para isso, que é o da Veterans Administration, uma agência de amparo a ex-combatentes. Como ela tem permissão para negociar preços de medicamentos, eles saem bem mais baratos. São preços, por sinal, comparáveis aos do padrão mundial. Porém, uma lei foi criada para proibir que as pessoas em geral se beneficiassem de preços mais baixos em outros lugares, numa violação flagrante ao princípio de livre comércio. A retórica é de livre comércio, mas não as políticas públicas.

De fato, a Veterans Administration é muito mais eficiente, com custos de medicamentos mais baixos, despesas gerais menores e resultados superiores. Nos Estados Unidos, o Medicare em si é bastante eficiente — os custos administrativos do Medicare são muito menores do que os dos serviços de saúde privados. Lembrando que os dois são programas de saúde públicos. Porém, os custos do Medicare estão disparando porque ele tem de operar por intermédio do sistema de saúde privado e não regulado. Sabemos muito bem como podemos lidar com essas questões; aliás, estamos rodeados de exemplos que poderíamos usar para solucioná-las. Todavia, não podemos nem tocar nesses pontos, pois são fatores muito relevantes na economia. E é interessante ver o que acontece nos raros casos em que se fala nisso. Em matérias do *The New York Times*, elas têm sido classificadas às vezes como "politicamente impossíveis" ou "sem apoio político", quando, na verdade, faz muito tempo que uma parcela majoritária da população quer a solução para elas.

Quando Obama sancionou a Lei de Proteção ao Paciente e do Programa de Assistência Médica Acessível, também conhecida como Obamacare, aventou-se a ideia da possível alternativa de um sistema público; em outras palavras, um sistema nacional de saúde pública. Ela tinha o apoio de dois terços da população. Mas a ideia foi abandonada — não houve nenhuma discussão. Se recuarmos ainda mais, aos últimos anos do governo Reagan, veremos que setenta por cento da população achavam que um sistema nacional de saúde pública deveria ser um direito garantido por lei constitucional. Aliás, cerca de quarenta por cento da população *já* achavam que era uma garantia constitucional. Todavia, isso não é apoio político — afinal, apoio político só pode vir da Goldman Sachs, do JPMorgan Chase e de outros mais. Por fim, se tivéssemos um sistema nacional de saúde semelhante ao de outros países, não teríamos deficit, e sim, provavelmente, superavit.

Suprimindo o governo

Ficamos muito impressionados quando assistimos a um debate nos Estados Unidos — aliás, na Europa também — sobre a atual dificuldade econômica. O grande problema humano não está no déficit público — mas no *desemprego*. O desemprego tem um efeito devastador na sociedade. Quero dizer com isso que são terríveis as consequências para as pessoas desempregadas e suas famílias. No entanto, há também um tremendo efeito econômico, cujas razões, por sinal, são bastante óbvias: quando as pessoas estão sem trabalho, há recursos que poderiam servir para desenvolver a economia que não são usados — simplesmente são desperdiçados.

Talvez pareça desumano falar sobre a questão desta forma, e o custo humano é a pior parte dela. Mas de um franco ponto de vista econômico, é como se, por alguma razão, as pessoas decidissem deixar as fábricas ociosas. Para entender melhor a situação, faça uma viagem à Europa, ao Japão, ou até mesmo à China, e depois volte para os Estados Unidos. Uma das primeiras coisas que o deixará impressionado é que parece que nosso país está se desmantelando, como se, muitas vezes, a sensação seja de voltar para um país do terceiro mundo. A infraestrutura se esfacelou, o serviço de saúde está em ruínas, o sistema de ensino foi destroçado, apesar dos incríveis recursos disponíveis. Para fazer com que as pessoas permaneçam impassíveis, simplesmente observando essa realidade, é necessário lançar mão de uma propaganda política muito eficiente. É basicamente isso o que está acontecendo — temos uma grande força de trabalho ávida por trabalhar, formada por gente altamente qualificada, numa situação em que há muita coisa para ser feita. Aliás, o país está precisando de muita coisa.

Instituições financeiras não gostam da ideia de déficit e também não querem muito governo. Essa postura foi levada ao extremo por pessoas como Grover Norquist, homem muito influente. Ele conseguiu a promessa dos republicanos — um acordo ao qual eles realmente se comprometem —, de não permitir o aumento de impostos, e o dever de reduzir o governo. Da forma como foi expressa, basicamente queria acabar com o governo. Do ponto de vista dos senhores da nação, é meio que compreensível. Acontece que o governo, quando a democracia é legítima e realmente funciona, age em favor dos interesses da população. *Este é o verdadeiro significado de democracia.* Porém, eles prefeririam ter o controle total de tudo, sem a interferência do povo. Contentam-se em ver o governo encolhido — com duas condições. Uma é a garantia de que poderão contar com um Estado poderoso, capaz de mobilizar os contribuintes para socorrê-los e também para enriquecê-los ainda mais. A segunda é uma grande força militar para garantir que o mundo está sob controle.

É a isso que eles querem reduzir a função do Estado — nada para que as pessoas idosas tenham assistência médica, ou que uma viúva inválida tenha uma pensão suficiente para uma vida digna. Acham que isso não é problema deles, não está de acordo com a máxima vil, cabe a eles concentrar-se apenas no problema do déficit. Acontece que, para o povo, a falta de emprego é questão muito mais importante. Apesar disso, com poucas exceções como a de Paul Krugman, os debates públicos continuam concentrados no problema do déficit governamental.

De forma quase absoluta, as discussões sobre o assunto são moldadas pelos donos do mundo: "preocupem-se com o déficit e esqueçam tudo o mais." Contudo, mesmo quando alguém se ocupa com a questão do déficit, é estarrecedor o fato de que eles omitem qualquer coisa relacionada com as *causas* que o geram. As causas são muito claras. Uma delas é o gasto extraordinário com nosso aparato militar, que chega a ser quase o mesmo de todas as nações do mundo juntas. Por sinal, isso não acontece por causa de uma questão de segurança (isso é outra história) — aliás, não nos fornece segurança nenhuma, a não ser para os senhores que controlam o mundo, assim como seus interesses. E isso é praticamente intocável.

DE VOLTA AOS BRAÇOS DA SOLIDARIEDADE

Como podemos tornar o ensino superior economicamente mais acessível? É muito fácil: basta torná-lo mais acessível.

É só olharmos o exemplo de outras nações pelo mundo afora e veremos soluções muito simples para a questão. A Finlândia aparece nos primeiros lugares na lista de quase todas as avaliações de avanços na educação — e quanto seus cidadãos pagam para frequentar a faculdade? *Nada*. Ela é gratuita. Vejamos também o exemplo da Alemanha, outro país rico com um sistema educacional de grande sucesso — quanto os estudantes alemães pagam? Praticamente *nada*. Agora, consideremos um país pobre, bem perto de nós — estou me referindo ao México, que tem um sistema de ensino superior muito bom, fiquei impressionado com o que vi lá. Nesse país, os salários são muito baixos, pois se trata de uma nação pobre, mas quanto seus cidadãos pagam para frequentar a universidade? *Nada*.

Não existem razões econômicas que impeçam que o ensino seja gratuito e acessível a todos — o que existe são razões *sociais* e *políticas*. Mas essas são *decisões* sociais e políticas. Aliás, é quase certo que nossa economia estaria numa situação melhor se mais pessoas tivessem a oportunidade de se desenvolver e contribuir para a sociedade por meio do que o ensino superior tem para oferecer.

A TEORIA DOS SENTIMENTOS MORAIS, 1759, E OUTRAS FONTES

A Teoria dos Sentimentos Morais, **Adam Smith, 1759**

Por mais egoísta que consideremos o homem, é claro que existem certos princípios em sua natureza que o induzem a interessar-se pela sorte dos outros e tornar a felicidade deles algo necessário para si mesmo, ainda que não ganhe nada com isso, exceto a satisfação de vê-la existir. Isso é piedade ou compaixão, o sentimento que nos faz compadecer do sofrimento dos outros, tanto quando o testemunhamos, como quando somos levados a imaginá-lo em cores muito vivas e reais. O fato de que, muitas vezes, ficamos tristes com a tristeza dos outros é verdade indiscutível, óbvia demais para demandar algum exemplo que a prove; porquanto esse sentimento, assim como todas as outras paixões primárias da natureza humana, absolutamente não se restringe aos virtuosos e humanitários, embora, por vezes, estes possam experimentá-lo com muita intensidade. O maior dos malfeitores, o mais endurecido infrator das leis da sociedade, não se acha totalmente desprovido dela.

Lei da Previdência Social de 1935

Lei que dispõe sobre o provimento de condições de amplo bem-estar social por meio da instituição de um sistema federal de aposentadoria por velhice e pela capacitação dos vários Estados de criar instrumentos mais adequados ao fornecimento de assistência a pessoas idosas, portadores de deficiência visual, crianças de menor idade e portadoras de deficiências outras, assistência social à maternidade e a crianças menores, e saúde pública, bem como para facilitar o cumprimento dos dispositivos das leis que determinam a concessão de seguro-desemprego e auxílio-doença; sobre a criação de uma Agência de Seguridade Social; sobre a obtenção de receita tributária; e sobre outras questões.

Lei de Reintegração de Ex-Combatentes de 1944

Tal como usada nesta seção, a expressão instituições educacionais ou de formação profissional se refere a todas as escolas públicas ou particulares do ensino fundamental e médio, bem como a outras escolas que fornecem instrução a adultos, escolas e faculdades de administração, instituições de aprendizado técnico-científico, faculdades em geral, cursos profissionalizantes, estabelecimentos de ensino fundamental e médio, faculdades de pedagogia, escolas normalistas, escolas técnicas, universidades e outras instituições educacionais, mas no conceito devem enquadrar-se também estabelecimentos comerciais ou outros mais que forneçam aprendizado prático ou outro tipo de formação profissionalizante no próprio local de trabalho, incluindo os sob a supervisão de uma faculdade ou universidade credenciada, qualquer secretaria de aprendizagem do Estado, agência federal de ensino profissionalizante e técnico, qualquer comissão estadual de aprendizagem ou o Serviço de Ensino Técnico Profissional, estabelecido de acordo com a Lei Comum Número 308, na 76ª Reunião Plenária do Congresso, ou qualquer agência do âmbito do Executivo do Governo Federal autorizada, sob o amparo de outras leis, a supervisionar esse processo de aprendizagem.

Princípio # 6
CONTROLAR OS REGULADORES

Se uma pessoa estudar a história da regulamentação legal das atividades empresariais — como a da exploração do setor de transportes ferroviários, a do mercado financeiro e de outros mais —, descobrirá que é bem comum ter sido uma iniciativa tomada por quem está sendo regulado, ou é apoiada por eles. E a razão disso está no fato de eles saberem que, mais cedo ou mais tarde, conseguirão controlar os reguladores e administrar as agências. Afinal de contas, eles podem oferecer coisas equivalentes a suborno — como cargos ou qualquer outro benefício sedutor. O fato é que acaba sendo vantajoso para os fiscais desses órgãos contemporizarem com a vontade dos poderosos. É algo que acontece naturalmente, de muitas formas, e termina com o que se costuma chamar de "cooptação das agências reguladoras". Ser regulamentado significa, na verdade, controlar as agências reguladoras. De fato, pois bancos e seus lobistas são os que fazem as leis de regulamentação financeira — chegou-se a esse extremo. É o que vem acontecendo ao longo da história e, como eu disse, uma tendência comum que verificamos quando examinamos a estrutura e a distribuição do poder.*

---

* Ver *Economia da Prosperidade: Criando uma Economia para Todos*, Jacob S. Hacker e Nate Loewentheil, 2012, na página 107.

A lei Glass-Steagall

Durante a Grande Depressão, uma das normas legais instituídas foi separar bancos comerciais, que são os estabelecimentos em que os depósitos bancários são garantidos pelo governo federal, de bancos de investimento, que simplesmente assumem riscos e para cujas transações não existem garantias federais. Eles foram separados pelas disposições daquela que ficou conhecida como Lei Glass-Steagall.

Na década de 1990, os programas econômicos do governo Clinton foram comandados principalmente por Robert Rubin e seus assessores — pessoas advindas, sobretudo, de instituições financeiras — e eles queriam revogar essa lei, aprovada na década de 1930. Em 1999, eles conseguiram fazer isso, demolindo a Lei Glass-Steagall com a cooperação de Republicanos da ala mais à direita do partido, Phil Gramm e outros mais. Isso fez com que, basicamente, as operações de risco de bancos de investimento acabassem voltando a ter garantias legais do governo. Ora, era fácil entender para onde isso nos levaria — e foi o que aconteceu. Ao mesmo tempo, eles conseguiram barrar a regulamentação de operações com derivativos — exóticos instrumentos do setor financeiro —, o que significa dizer que eles seguiram desregulamentados. Agora, talvez pareçam relativamente seguras, dado que o governo irá socorrê-los se necessário for.

Os conflitos de interesses

Aliás, aquilo que o próprio Robert Rubin tratou de fazer, depois de ajudar a desmontar a Lei Glass-Steagall, foi voltar para o setor financeiro, onde se tornou diretor do Citigroup — um dos maiores bancos do mundo — e se aproveitar das novas leis. Lá, ajudou a assumir o controle de uma grande seguradora e fez outras coisas mais. Ele ganhou muito dinheiro. Só que o grupo quebrou. Ele deixou a instituição onde ganhou muito dinheiro, voltou como principal consultor de Barack Obama, e então o governo socorreu o Citigroup financeiramente — tal como vinha fazendo desde o início dos anos de 1980. O fato de senadores, deputados e assessores políticos deixarem o governo, indo para os setores comercial e industrial (a esta altura, mais financeiros do que qualquer outra coisa), os quais, em tese, eles vinham regulamentando, é quase uma *consequência* natural de assumirem impunemente o controle de fato de órgãos reguladores e fiscalizadores. É nisso que repousam suas relações de fidelidade. Eles ficam num eterno vaivém de um setor para outro. Isso indica que existem estreitíssimas relações entre ambos os lados — é um dos aspectos da "rotatividade de cargos". Depois de se tornarem legisladores, se transformam em lobistas, e, como lobistas, querem controlar a legislação.

Lobismo

Uma das coisas que mais se expandiu durante os anos 1970, época em que o mundo dos negócios passou a mobilizar-se intensamente para tentar controlar o poder legislativo, foi o lobismo.*
Houve um esforço gigantesco dos lobistas para tentar até mesmo *criar* leis. O mundo dos negócios estava muito preocupado com os avanços no bem-estar social da década de 1960, principalmente com os decorrentes das intervenções de Richard Nixon — embora muitos não entendam isto bem, ele foi o último presidente do New Deal, o que os homens de negócio consideravam uma traição à classe.

---

* Ver "Como Lobistas das Grandes Empresas Passaram a Controlar a Democracia Americana", *New America Weekly*, New America, Lee Drutman, 20 de abril de 2015, na página 108.

Basta considerarmos que, em seu governo, houve a implementação da legislação de proteção ao consumidor (que resultou na criação da agência independente — CPSC, na sigla em inglês), o estabelecimento de normas de segurança e higiene no ambiente de trabalho (OSHA) e a criação da Agência de Proteção Ambiental (EPA). Logicamente, o empresariado não gostou — tanto do aumento dos impostos quanto da regulamentação. E iniciou um esforço coordenado para tentar anular esses avanços, levando a um imenso crescimento nas práticas lobistas. Avançados institutos de pesquisas interdisciplinares foram criados para tentar controlar o sistema ideológico, tal como a Heritage Foundation. Os gastos com campanhas eleitorais aumentaram muito — em parte, por causa da televisão. Além disso, houve também um aumento simplesmente incrível do papel do setor financeiro na economia. Com isso, a desregulamentação começou de forma realmente impetuosa.

Desregulamentação e bancarrotas
no mercado financeiro

Não houve quebras no mercado financeiro nas décadas de 1950 e 1960, pois o aparato regulatório do New Deal ainda estava em vigor. Porém, à medida que, por pressão das grandes empresas e de políticos, o programa começou a ser desmontado, foram ocorrendo mais e mais quebras de instituições, tendo isso continuado por vários anos. O processo de desregulamentação começou na década de 1970, mas foi nos anos de 1980 que o número de falências aumentou muito de fato.

Tomemos o exemplo do que aconteceu no governo Reagan: em vez de deixar que arcassem com o custo e as consequências de seus atos, ele socorreu bancos tal como o Continental Illinois, protagonista, em 1984, da maior operação de resgate da história americana à época. No início dos anos 1980, os Estados Unidos entraram na mais grave recessão desde a Grande Depressão, sendo resgatados com várias formas de subsídios, entre outras coisas mais. Em 1987, houve mais uma crise financeira — outra Segunda-Feira Negra, ou algo bem próximo disso. Aliás, Reagan chegou ao fim do mandato em meio a uma gigantesca crise financeira — a crise das instituições de empréstimos e poupança. Mais uma vez, o governo interveio e salvou instituições.

Grandes demais para a cadeia

A crise das instituições de empréstimo e poupança foi um pouco diferente da crise financeira de 2008, pois os perpetradores da primeira foram levados aos tribunais, em cujo julgamento soube-se muita coisa a respeito de esquemas fraudulentos, manobras escusas, trapaças e crimes cometidos por seus agentes. O mesmo não aconteceu com a crise de 2008. É que o poder dos bancos aumentou tanto que agora eles não são apenas "grandes demais para quebrar", mas também, nas palavras de um economista, "grandes demais para a cadeia". Assim, as únicas investigações criminais que podem ser feitas são as que envolvem, por exemplo, tráfico de informações privilegiadas ou confidenciais, prática na qual o criminoso prejudica outras empresas, logo é possível fazer alguma coisa. Contudo, nas situações em que eles estejam roubando o povo, seguem agindo impunemente.

O processo de desregulamentação se materializou no governo Clinton. Bill foi na onda, deixando o barco correr, o que levou a um surto especulativo no setor de tecnologia. No final da década de 1990, outra bolha estourou, a bolha das ponto.com. Em 1999, as normas regulatórias que impunham uma separação entre bancos comerciais e bancos de investimentos estavam aniquiladas. Desta vez, foi Bush quem foi na onda e aí tivemos o boom imobiliário, cuja existência, por incrível que pareça, os elaboradores de políticas econômicas não perceberam — ou simplesmente ignoraram o fato de que havia uma bolha imobiliária de cerca de 8 trilhões de dólares sem relação com o custo dos imóveis residenciais. Obviamente, isso estourou em 2007, quando trilhões de dólares simplesmente desapareceram — riqueza fraudulenta, pura e simplesmente. Essa situação levou à maior crise financeira desde a Grande Depressão, mas aí vieram as operações de socorro financeiro de Bush e Obama, as quais reconstruíram as mesmas instituições poderosas — os perpetradores da crise — e deixaram todos os demais à deriva. Os mais severamente prejudicados foram as pessoas comuns, que perderam casas, empregos etc. E é nesta situação que estamos hoje. Tudo isso foi feito com total impunidade e, ainda assim, eles estão preparando a próxima jogada.

O Estado-babá

Toda vez que acontece uma crise, as autoridades lançam mão dos vultosos recursos do contribuinte para socorrer financeiramente os que a provocaram, que são, em número cada vez maior, as grandes instituições financeiras. Numa economia capitalista, esse tipo de coisa não deveria ser feita. Num sistema capitalista de verdade, um desastre financeiro varreria do mapa os investidores que fizeram investimentos arriscados. No entanto, os ricos e poderosos não querem um sistema capitalista. Eles querem dispor de um "Estado-babá" para socorrê-los assim que se metem numa enrascada, de modo que acabem sendo socorridos pelo contribuinte. Eles recebem uma generosa apólice de seguros governamental, o que vale dizer que não importa o sem-número de vezes que eles se arrisquem temerariamente, pois, se entrarem em apuros, o dinheiro público os socorrerá, pois são grandes demais para quebrar. É algo que vem se repetindo sem parar.

O poder deles é tão grande que qualquer tentativa de lidar com esse estado de coisas é rechaçada. Tentativas sóbrias de enfrentar o problema têm sido feitas, como a Lei Dodd-Frank, mas a execução de seus dispositivos acaba sendo cerceada por lobistas. Em todo caso, são medidas que não atacam de fato os principais problemas. E as razões para isso são muito fáceis de compreender. Há laureados com o Prêmio Nobel de Economia que discordam dos rumos que estamos tomando — pessoas como Joseph Stiglitz, Paul Krugman, entre outras —, mas nenhuma delas foi procurada ou consultada. As pessoas escolhidas para enfrentar a crise foram as mesmas que a criaram — a turma de Robert Rubin e o pessoal do Goldman Sachs. Criaram a crise, mas estão mais poderosos do que nunca. Esse aumento de poder é mera coincidência? Ora, claro que não, já que foram eles os escolhidos para criar um plano econômico. Portanto, o que poderíamos esperar dessa situação?

A última operação de resgate financeiro foi algo sem precedentes. As grandes empresas socorridas foram mantidas economicamente viáveis num período em que, numa economia capitalista, elas teriam ido à falência. Porém, de fato, não temos uma economia capitalista — os grandes homens de negócios não aceitariam esse tipo de coisa e têm poder suficiente para impedi-lo. Desse modo, o povo, por assim dizer, acaba sendo chamado: despeja, literalmente, trilhões de dólares nas mãos dos donos de grandes empresas em processo de falência e passa a sustentá-las. Esse é o caso, de várias formas. Tanto que existe um importante estudo técnico em torno de operações de socorro financeiro realizadas ao longo de vários anos em que seus autores concluem que provavelmente 25 por cento delas — aliás, é um estudo sobre as cem maiores corporações constantes na lista da *Fortune*, feito por dois economistas muito reconhecidos — sobreviveram a desastres financeiros graças aos subsídios dos contribuintes. O estudo indica também que a maior parte das demais grandes empresas ganhou com isso. Portanto, embora esses acontecimentos sejam em escala sem precedentes, não são novos. A situação se repete depois de cada crise financeira.*

Externalidades e risco sistêmico

O sistema financeiro apresenta características próximas às de um sistema de economia de mercado — realmente, está mais para uma economia de mercado, ao contrário do sistema produtivo, que sofre a influência do enorme poder e da intervenção do Estado para mantê-lo funcionando. Numa economia de mercado, existem problemas conhecidos, como o fato de os participantes de uma transação comercial pensarem prioritariamente em si mesmos. Não dão a mínima para os efeitos que isso possa causar às demais pessoas. A título de exemplo, digamos que você queira me vender um carro. Logicamente, você tentará obter lucro na transação, ao passo que eu vou querer comprar um bom carro, mas nós dois nem sequer pensamos no impacto que isso pode ter sobre outras coisas: problemas ambientais, congestionamentos, aumento do preço dos combustíveis e assim por diante. Acontece que, embora, individualmente, esses fatores possam ser pequenos, eles se avolumam. São denominados "externalidades" na terminologia econômico-financeira.

---

* Ver *A Lógica da Reestruturação Econômica Mundial: A Gestão de Empresas Subsidiárias em Complexos Industriais Rivais*, Winfried Ruigrok e Rob van Tulder, 1995, na página 110.

Já no caso de um grande banco de investimentos, como o Goldman Sachs, quando seus executivos fazem um investimento ou um empréstimo, eles tentam calcular os riscos que correrão — mas, logicamente, isso é muito fácil, já que sabem que serão socorridos se necessário, pois são considerados grandes demais para quebrar. Todavia, algo que eles não levam em conta é o que se chama de "risco sistêmico". Trata-se do risco presente numa situação em que, caso os investimentos fracassem, o sistema inteiro pode quebrar. Ora, foi isso que aconteceu, tendo-se repetido várias vezes, e que provavelmente voltará a acontecer. E essa situação foi agravada pela desregulamentação, e também pela criação de intricadíssimos instrumentos financeiros que, vale repetir, não deram nenhuma contribuição à economia, mas tornam possível a divisão de riscos por meio de mecanismos complexos.

Foi o que aconteceu com a crise do setor imobiliário. Os corretores de hipotecas imobiliárias estavam oferecendo financiamentos para a compra da casa própria concedendo hipotecas de alto risco a pessoas que sabiam que não conseguiriam pagar, e os bancos endossavam essas transações. No entanto, os credores não precisavam preocupar-se com o risco, pois faziam a chamada "securitização" — dividiam os empréstimos em pequenos passivos e os negociavam com terceiros, na forma de débitos garantidos por caução real. Acontece que, na maioria das vezes, os investidores nem sequer sabiam o que estavam comprando e, por outro lado, os instrumentos que permitiam a compra eram, na verdade, o seguro para protegê-los contra um possível fracasso daquilo que estavam fazendo. Em tese, isso deveria reduzir riscos. Na prática, aumentou os riscos de tal forma que, quando o sistema entrou em colapso — isso aconteceu com o advento da crise dos créditos imobiliários —, os efeitos foram gigantescos. E, mais uma vez, os contribuintes foram usados para o resgate. Foi uma operação de socorro que não envolveu apenas o resgate dos bancos, mas também centenas de bilhões de dólares jorrando dos cofres do Federal Reserve e do Departamento do Tesouro americano, com vistas a oferecer crédito barato entre outras coisas.

Não que haja algo de surpreendente nisso — são os mesmos mecanismos de sempre. Portanto, se a sociedade permitir que isso continue a funcionar, os resultados serão sempre os mesmos, tais como descritos. Será assim até a próxima crise financeira — que é dada como tão certa que as agências de avaliação de risco estão incluindo em seus cálculos o montante que o contribuinte precisará desembolsar no próximo resgate. Os beneficiários dessa avaliação de risco, tais como os grandes bancos, conseguem tomar empréstimos a juros mais baixos, anulando assim a concorrência de rivais menores, e aumentando cada vez mais a concentração do poder econômico.

E, para onde quer que voltemos nossa atenção, veremos que as políticas econômicas são elaboradas com isso em mente, o que não é surpresa para ninguém. É o que acontece quando permitimos transferir o poder para as mãos de uma pequena parcela dos super-ricos, os quais vivem empenhados em aumentar seu próprio poderio — tal como se esperaria.

Deixem o livre mercado comandar tudo

A definição mais simples de "neoliberalismo" é "deixem o livre mercado comandar tudo." Em outras palavras, façam com que o governo fique de fora da elaboração de políticas públicas, exceto quando for para incentivar as atividades do livre mercado. Na verdade, nenhum dos preconizadores desse princípio quer exatamente isso. Essas medidas são para os pobres, não para eles.

Essa ideia vem persistindo ao longo de toda a história da economia moderna, desde o século XVII até os dias atuais. A única diferença é que, naqueles tempos, eles não chamavam isso de neoliberalismo.

Tomemos como exemplo as recomendações de Adam Smith às recém-independentes colônias americanas. Ele era o grande economista da época e dava conselhos às colônias — é quase a mesma coisa que o Banco Mundial e o FMI fazem com os países pobres e com os pobres dos Estados Unidos. Disse que as colônias deveriam concentrar-se naquilo que sabiam fazer bem — mais tarde, isso foi chamado de "vantagens relativas" —, ou seja, exportar bens primários, tais como produtos agrícolas, peixes e peles de animal, e importar os superiores produtos de origem britânica. Além disso, obviamente para defender o interesse do colonizador, sugeriu que não tentassem monopolizar. Naqueles dias, o principal produto econômico era o algodão. Ele tinha uma importância equivalente à do combustível no início da Revolução Industrial. Segundo ele, isso melhoraria a produção econômica das colônias, e assim por diante.*

Logicamente, como as colônias constituíam um país independente a essa altura, tinham total liberdade para ignorar o conselho e adotarem princípios de uma "economia saudável", tal como se denominava então. Desse modo, impuseram altas tarifas alfandegárias aos tais superiores produtos britânicos para impedir que entrassem em seu território — inicialmente, sobre os têxteis e, mais tarde, sobre o aço, e assim por adiante. Com isso, conseguiram desenvolver sua indústria interna. Lançaram-se num grande esforço para tentar monopolizar e, aliás, quase consegui-

---

* Ver *Investigação sobre a Natureza e as Causas da Riqueza das Nações*, Adam Smith, 1776, na página 110.

ram, a exploração do algodão — essa foi a grande motivação por trás da questão da conquista do Texas e de metade do México.* As razões eram bem claras: os presidentes jacksonianos diziam que, se eles conseguissem monopolizar a exploração do algodão, poderiam muito bem ter a Grã-Bretanha a seus pés. Calcularam que o império não conseguiria manter toda a sua potência econômica se eles controlassem esse produto. Assim, sem entrar em maiores detalhes, as ex-colônias fizeram exatamente o contrário das recomendações neoliberais (o que, aliás, a Grã-Bretanha fizera também durante seu processo de desenvolvimento). Simultaneamente, os pobres e oprimidos eram vítimas dos esforços para lhes enfiar esses princípios goela abaixo. Desse modo, Índia, Egito, Irlanda entre outros foram desindustrializados, devastados — algo que, por sinal, prossegue até os dias atuais.

E isso acontece bem diante de nossos olhos. Vejam, por exemplo, os Estados Unidos — aqui, martelam na cabeça da maior parte da população o princípio de que ela tem de "deixar o mercado comandar os rumos da economia". Portanto, que as autoridades tratem de cortar o número de benefícios sociais, de reduzir a previdência social ou acabar com ela de uma vez, de diminuir ainda mais o limitado serviço de saúde pública, enfim, deixem o livre mercado comandar tudo. Mas não para os ricos. Para estes, o Estado deve ser uma entidade poderosa, sempre pronta para intervir e resgatá-los sempre que se meterem em apuros financeiros. Tomemos o exemplo de Reagan, um ícone do neoliberalismo, do livre mercado entre outras coisas. Ele foi o presidente mais protecionista na história do pós-guerra americano, tendo dobrado as barreiras de importação, na tentativa de

---

* Ver Presidente John Tyler em carta enviada ao filho, coronel Tyler, 17 de abril de 1850, na página 111.

proteger os incompetentes dirigentes americanos da superioridade dos produtos japoneses. Assim, mais uma vez, ele socorreu bancos, em vez de deixá-los arcar com seus custos. Na verdade a economia americana *cresceu* durante o governo Reagan, tornando-se um ícone do neoliberalismo. Devo acrescentar que seu programa "Guerra nas Estrelas" foi abertamente propagandeado no mundo dos negócios como um incentivo do governo, como uma espécie de profícua vaca-leiteira em cujas tetas eles podiam mamar. Mas isso era apenas para os ricos. Já no caso dos pobres, que deixassem que os princípios do livre mercado conduzissem os rumos da economia e que não esperassem nenhum auxílio do governo. Enfim, o governo era o problema, não a solução, e por aí vai. Basicamente falando, isso é neoliberalismo. Ele tem esse caráter dualístico, algo que perdura na história econômica. Um conjunto de regras para os ricos. Outro diametralmente oposto para os pobres.

Economia da Prosperidade, 2012
E OUTRAS FONTES

*Economia da Prosperidade:
Criando uma Economia para Todos*,
Jacob S. Hacker e Nate Loewentheil, 2012

À medida que o dinheiro foi se tornando cada vez mais importante na política e os homens de negócios mais organizados na busca de seus interesses, grupos empresariais e pessoas abastadas foram conquistando um poder imenso, em comparação com os membros da classe média. Hoje, isso permite que os vencedores da competição econômica criem e reforcem suas conquistas conformando políticas governamentais aos seus interesses, em vez de inovarem em suas atividades no mercado econômico. Acontece que essas práticas empobrecem os americanos e enfraquecem nosso sistema político [...].

Cada vez mais, nosso sistema político é uma via de mão dupla, em que rios de dinheiro fluem numa direção e políticas governamentais favoráveis escorrem na direção contrária. Grandes empresas fazem doações, contratam lobistas caros (na maioria das vezes, ex-autoridades públicas e suas equipes de assessores) e financiam campanhas falsamente apoiadas pela sociedade civil, com o objetivo de fazer prevalecer políticas que favoreçam seus interesses. Em Washington, a porta giratória do conflito de interesses está girando com uma rapidez cada vez maior — entre mundos que estão, em matéria de renda e privilégios, mais e mais distantes um do outro. Membros do Congresso, seus assessores e autoridades de alto escalão do Poder Executivo recebem ofertas de quantias enormes para exercerem influência interesseira nos meandros do poder. Gastos oficiais com práticas lobistas em âmbito federal — que certamente estão abaixo dos números reais — saltaram de 460 milhões para mais de 3 bilhões de dólares. Em busca de lucros, os homens de negócios e os ricos não investem seu dinheiro apenas no setor privado, mas na esfera política também — só que, neste caso, obtêm lucro às custas da economia, dos contribuintes e de nossa democracia como um todo.

"Como Lobistas das Grandes Empresas Passaram a Controlar a Democracia Americana", *New America Weekly*, New America, Lee Drutman, 20 de abril de 2015

Há alguma coisa fora dos eixos em Washington. Segundo consta, as grandes empresas estão gastando agora cerca de 2,6 bilhões de dólares por ano em campanhas lobistas — mais que os 2 bilhões de dólares que nós gastamos para manter a Câmara (1,18 bilhão) e o Senado (860 milhões). É uma diferença que vem crescendo desde o início do ano 2000, quando o montante gasto com lobismo empresarial começou a exceder reiteradamente os orçamentos da Câmara e do Senado juntos.

Atualmente, as maiores empresas têm mais de cem lobistas representando seus interesses, facultando-lhes assim condições de estarem em toda parte, o tempo todo. Para cada dólar gasto com lobismo por parte de sindicatos trabalhistas e grupos de defesa dos interesses públicos juntos, grandes empresas e seus parceiros despendem agora 34 dólares. Das cem organizações que mais gastaram com práticas lobistas, 95 delas representaram consistentemente os interesses de empresas privadas.

Só mesmo voltando aos anos da Era Dourada para vermos os negócios privados numa posição política tão imperiosa como esta na política americana. Embora seja verdade que, até nas décadas de 1950 e 1960, época de uma atmosfera mais pluralista, a representação política se inclinasse para os abastados, as práticas lobistas eram quase moderadas em comparação com as atuais. Sindicatos eram muito mais importantes, e os grupos de pressão pelos interesses públicos da década de 1960 constituíam fatores de militância política bem mais significativos. Além do mais, antes dos anos de 1970, muito poucas empresas tinham seus próprios lobistas em Washington. Embora as empresas privadas fizessem lobby nas décadas de 1950 e 1960 (geralmente, por intermédio de associações), suas ações lobistas eram canhestras e ineficazes. "Quando analisamos as típicas práticas lobistas", concluíram três destacados cientistas políticos em seu estudo de 1963, intitulado *American Business and Public Policy*, "verificamos que suas chances de manobra são bastante limitadas, que suas equipes de lobistas são medíocres e que seu problema mais comum não é influenciar as votações no Congresso, mas achar clientes e colaboradores que as mantenham em condições de sobreviver".

As coisas são muito diferentes hoje. A evolução do lobismo das empresas privadas, antes uma força de reação esparsa e ineficaz, mas transformada agora numa força agressiva, cada vez mais atuante e onipresente, figura entre as mais importantes transformações na política americana nos últimos quarenta anos.

A Lógica da Reestruturação Econômica Mundial:
A Gestão de Empresas Subsidiárias em Complexos Industriais Rivais,
Winfried Ruigrok e Rob van Tulder, 1995

Estimamos que pelo menos vinte corporações das que apareceram na *Fortune 100* em 1993 não teriam sobrevivido de jeito nenhum como empresas independentes se não tivessem sido socorridas pelos governos de seus respectivos países. Cerca de dezoito empresas de extrema importância foram nacionalizadas, muitas das quais durante importantes períodos de reestruturação econômica, às vezes chegando a enfrentar ameaças de falência iminente. Os custos sociais para uma nação como resultado da saída do mercado ou da falência dessas empresas extremamente importantes permitiram que elas exigissem que os governos de seus países socializassem seus prejuízos — se bem que em troca da perda temporária ou de longo prazo de sua autonomia. A formação de gigantescos conglomerados de empresas estatais, tais como a IRI, INI (décadas de 1920-1940) e a ENI, é um bom exemplo disso.

***Investigação sobre a Natureza e as Causas
da Riqueza das Nações*, Adam Smith, 1776**

Se os americanos, por colusão ou por outro tipo de deslealdade qualquer, deixassem de importar manufaturados europeus e, assim, reservando seu monopólio a patrícios seus capazes de fabricar produtos semelhantes, desviassem parte considerável de seu capital para esse negócio, eles retardariam, em vez de acelerá-la, a ulterior valorização de sua produção anual e atravancariam o progresso de seu país rumo à riqueza e à grandeza reais, em vez de promovê-lo. Isso ocorreria mais ainda se tentassem monopolizar o seu comércio de exportação.

**Presidente John Tyler em carta enviada ao filho,
coronel Tyler, 17 de abril de 1850**

Respondi com uma pequena carta, esclarecendo-o sobre a questão da anexação do Texas. Minha visão sobre a questão não tinha nada de estreita, regionalista ou intolerante. Ela levou em conta o país inteiro e os seus interesses. O monopólio da exploração do algodão era a maior e mais importante preocupação. Esse monopólio, agora conquistado, porá todas as outras nações sob o tacão de nossos interesses. O embargo de um único ano poria a Europa numa situação de maior sofrimento do que uma guerra de cinquenta anos. Duvido que a Grã-Bretanha conseguisse evitar convulsões.

Princípio # 7
CONTROLAR ELEIÇÕES

Como eu disse, concentração de riqueza gera concentração de poder político, principalmente numa situação em que o custo das campanhas eleitorais não para de crescer. O sistema democrático é simplesmente retalhado pelo rápido aumento da capacidade de decidir eleições com dinheiro. Consideremos o exemplo do caso da Citizens United, a respeito do qual a Suprema Corte de Justiça tomou uma importantíssima decisão em 2009. Esse caso tem uma história sobre a qual devemos refletir.*

A Décima Quarta Emenda da Constituição americana tem uma cláusula estipulando que os direitos de uma pessoa não podem ser violados sem o devido processo legal (aliás, essa disposição consta também na Quinta Emenda, mas foi ampliada na Décima Quarta), e o objetivo, claramente, foi proteger escravos libertos. É como se ela dissesse: "OK, eles estão protegidos por lei agora." Não acho que ela tenha sido usada uma única vez em relação a casos de escravos libertos — se isso aconteceu, foi apenas em alguma situação isolada. Na verdade, foi usada quase imediatamente em negócios privados — ou seja, por grandes empresas. Afinal, os direitos delas não podem ser violados sem o devido processo legal. Isso representou um

---

* Ver *A Disputa Judicial entre a Citizens United e a Comissão Eleitoral Federal*, Suprema Corte dos Estados Unidos, 21 de janeiro de 2010, na página 119.

forte ataque aos princípios liberais clássicos e foi condenado por conservadores daquela época. No entanto, essa tendência continuou até o início do século 20, quando ficou estabelecido que as grandes empresas também tinham direitos individuais, e ampliou-se progressivamente ao longo do século quando elas se tornaram pessoas inclusive do ponto de vista legal.

Personalidade jurídica

Grandes corporações são uma ficção legal criada pelo Estado. Talvez isso seja bom; talvez não. Em todo caso, chamá-las de pessoas é, de certo modo, ultrajante. Por exemplo, consideremos a questão dos acordos de livre comércio, no caso, digamos, do NAFTA. As autoridades deram às grandes empresas direitos *muito* além daqueles que as pessoas têm. Assim, se a General Motors investir no México, ela passa a gozar dos direitos federais desse país, os mesmos direitos de um negócio privado mexicano. No entanto, se um mexicano vier a Nova York e disser "Quero ter esses mesmos direitos", nem é necessário dizer o que acontece. Portanto, embora a noção de personalidade jurídica tenha sido ampliada para incluir corporações, ela foi restringida no caso das pessoas.

Se interpretarmos os termos da Décima Quarta Emenda literalmente, nenhum estrangeiro ilegal pode ser privado dos direitos de qualquer outra pessoa física Com o correr dos anos, os tribunais suprimiram isso de suas interpretações do texto legal e passaram a afirmar que estrangeiros ilegais não são propriamente pessoas. Portanto, imigrantes ilegais que moram aqui, constroem edifícios, cuidam dos jardins e assim por diante, não são pessoas, mas a General Electric é uma pessoa superpoderosa, um ente imortal. Essa inversão de um valor moral fundamental e a deturpação do significado da lei são simplesmente inacreditáveis.

Eleições financiadas por grandes empresas

Na década de 1970, as cortes decidiram que o dinheiro era uma forma de expressão, segundo a decisão judicial *Buckley v. Valeo*. Seguindo ao longo dos anos até a Citizens United, que trata do direito à liberdade de expressão das empresas — o dinheiro que elas podem gastar — não pode ser limitado. Analisemos o que isso representa. Significa que as grandes empresas, que por sinal vêm decidindo eleições com imensas injeções de capital, têm agora liberdade para fazer esse tipo de coisa quase sem restrição. Isso é um golpe tremendo no que restou da democracia.*

Por essa razão, é muito interessante ler as decisões da Justiça, como aquela em que o juiz Kennedy deu seu voto decisivo. Ele declarou o seguinte em sua decisão: "Ora, consideremos, afinal, que a CBS goza do direito de liberdade de expressão — e ela é uma corporação. Por que então a General Electric não pode ter a liberdade de gastar quanto dinheiro quiser?" É verdade que a CBS usufrui de liberdade de expressão, mas obteve uma concessão com a finalidade de prestar um *serviço público*. É para isso que lhe foi concedido esse direito. E é isso que se espera que faça. Já a General Electric tenta ganhar dinheiro para seu presidente, acionistas, bancos e por aí vai. Nunca lhe foi exigido transparência. E foi-lhe concedida uma liberdade de ação imensa.

Trata-se, pois, de uma decisão inacreditável do juiz, que deixou o país numa situação em que o poder das grandes empresas aumentou extraordinariamente, muito além da dimensão histórica.** Isso é parte do círculo vicioso a respeito do qual

---

* Ver *A Disputa Judicial entre James L. Buckley e Francis Valeo*, Suprema Corte dos Estados Unidos, 30 de janeiro de 1976, na página 120.

* Ver "Estudo Revela: Por que os Especialistas Estão Errados no que se Refere às Grandes Empresas Privadas e às Eleições de 2012", AlterNet, Thomas Ferguson, Paul Jorgensen e Jie Chen, 20 de dezembro de 2012, na página 121.

falei anteriormente. Os juízes da Suprema Corte são postos no cargo por presidentes reacionários, que chegam ao poder porque são patrocinados pelos grandes negócios. É assim que o círculo funciona.

Thomas Ferguson, o cientista político que pode ser considerado o maior especialista em financiamento de campanhas eleitorais, desenvolveu o que ele denominou de "teoria do investimento na política", por meio da qual ele argumenta que capitais privados e investidores, não os eleitores, é que influenciam o sistema político. Isso significa que candidatos continuarão a precisar de bilhões de dólares para financiamentos de campanha. E a quem deverão recorrer, principalmente depois do desfecho do caso *Citizens United*, cuja decisão abriu as portas para o livre financiamento de campanhas por parte de empresas privadas? Se eles quiserem continuar no jogo político, terão de procurar patrocínio nas entranhas do sistema corporativo.

O financiamento de campanhas não se destina apenas a fazer o candidato ocupar um cargo. Se o empresário, ou executivo, financia um candidato, está comprando algo. Esse candidato dará a ele algum tipo de acesso privilegiado, pois ele vai querer que o financiamento continue. E, quando o candidato vence a eleição, esse acesso privilegiado se traduz na permissão de que os advogados corporativos elaborem as leis de fato. Na maioria das vezes, o legislador nem sabe o que elas contêm, mas aqueles que as redigiram — os advogados das corporações — tratam de entupi-los de dados de veracidade apenas presumível, argumentos e montanhas de documentos. Na prática, escrevem as leis. Enfim, as políticas ou regulamentações governamentais resultantes dessas ações são, em grande parte, engendradas por lobistas e advogados, que ganham acesso privilegiado graças ao financiamento da política pelo empresariado.

Além da urna eleitoral

Em minha opinião, a extravagância eleitoral que acontece de quatro em quatro anos deveria tomar, no máximo, uns dez minutos do nosso tempo, literalmente. O primeiro minuto deveria ser gasto com aritmética. Eleitoralmente falando, existe uma questão muito simples — se você mora num estado decisivo para o resultado das eleições, um estado em que o desfecho eleitoral ainda esteja indefinido e acaba se abstendo, não votar em Hillary Clinton equivale a votar em Trump ou vice-versa. Simples aritmética. Levamos um minuto para a questão aritmética; levaremos dois minutos para avaliar os méritos de ambos os partidos. E não apenas deles, logicamente, mas dos candidatos também. Nas circunstâncias atuais, reitero que não leva mais do que dois minutos. Os últimos sete minutos são para ir à urna eleitoral depositar o voto.

Depois que tivermos gastado aqueles dez minutos, poderemos nos voltar para o que realmente interessa, que não é eleição, mas sim o esforço constante para criar e organizar movimentos populares de pessoas engajadas que continuarão a lutar ininterruptamente em prol do que precisa ser feito. É um processo que não envolve apenas manifestações de protesto, pressionar candidatos entre outras coisas, mas também a criação de um sistema eleitoral que signifique algo de verdadeiro e bom para todos. Afinal, não se pode criar uma democracia que funcione melhor, ou até mesmo um partido, votando a cada quatro anos.

Se você quer um partido alternativo, um partido independente, não basta votar nele de quatro em quatro anos. Você tem de continuar na luta *constantemente* — desenvolvendo o sistema, que vai desde conselhos escolares a câmaras municipais e assembleias legislativas, abrangendo, enfim, todas as instâncias até chegar ao Congresso. E existem pessoas na extrema-direita que fizeram isso. Foi assim que se organizou o movimento Tea Party — com bastante dinheiro e muito raciocínio — e os resultados vieram. O problema é que as pessoas que estão interessadas num partido progressista independente simplesmente não fizeram isso. Ficaram presas na armadilha de uma propaganda política enganosa, que preconiza a ideia de que a única coisa que importa é a extravagância eleitoral. É verdade que não se pode ignorá-la — ela existe mesmo —, mas, como eu disse, ela só deve ocupar dez minutos de nosso tempo. No entanto, as coisas que realmente importam precisam ser feitas constantemente.

A DISPUTA JUDICIAL ENTRE A CITIZENS UNITED E A COMISSÃO ELEITORAL FEDERAL, 2010, E OUTRAS FONTES

A Disputa Judicial entre a Citizens United e a Comissão Eleitoral Federal, **Suprema Corte dos Estados Unidos, 21 de janeiro de 2010**

A exceção na aplicação da lei no caso das grandes empresas de comunicação é, segundo as próprias disposições da lei, quase um reconhecimento da invalidade da justificativa da necessidade de se evitar fatores corruptores e deturpadores. E essa exceção gera outro motivo que permite considerar inválida esta lei. Porquanto, a lei isenta, segundo, mais uma vez, rezam suas disposições legais, algumas corporações da observância de seus dispositivos, mas exige isso de outras, embora ambas tenham necessidade ou razões para divulgar seus pontos de vista. Essa isenção se aplica a empresas de comunicação pertencentes a grandes corporações ou controladas por elas, mas detentoras de diversificados e consideráveis investimentos, bem como participação em empreendimentos que não se limitam apenas ao setor de notícias. Desse modo, mesmo presumindo-se questionável a tese de que uma agência de notícias tem o direito de livre expressão, enquanto outras não têm, essa isenção permitiria que um conglomerado comercial dono não só de uma empresa de comunicação, mas também de outro negócio sem nenhuma ligação com ela, influenciasse ou controlasse a imprensa com o objetivo de promover seus interesses de uma forma geral. Assim também, outra corporação qualquer, com interesses comerciais idênticos, mas sem nenhum veículo de comunicação em sua estrutura empresarial, ficaria proibida de expressar-se ou informar o público a respeito do mesmo assunto. Esse tratamento diferenciado não está de acordo com os termos da Primeira Emenda.

A Disputa Judicial entre James L. Buckley e Francis Valeo, Suprema Corte dos Estados Unidos, 30 de janeiro de 1976

A imposição de restrições no tanto de dinheiro que uma pessoa ou um grupo pode gastar na veiculação política durante uma campanha eleitoral reduz, inevitavelmente, a liberdade de expressão, já que limita o número de questões discutidas, a profundidade com que são tratadas e o tamanho do público que elas podem alcançar. Isso acontece porque praticamente todos os meios de divulgação de ideias na sociedade de massa atual exigem o dispêndio de dinheiro. A distribuição do mais humilde panfleto ou folheto envolve despesas com a gráfica, a compra de papel e os custos de distribuição. Geralmente, a realização de discursos e comícios demanda o aluguel de um salão e a divulgação do evento. A crescente dependência do eleitorado em relação à televisão, ao rádio e a outros meios de comunicação de massa para a obtenção de notícias e informações tornou essas dispendiosas formas de comunicação instrumentos indispensáveis na transmissão eficaz de discursos políticos.

"Estudo Revela: Por que os Especialistas Estão Errados no que se Refere às Grandes Empresas e às Eleições de 2012", AlterNet, Thomas Ferguson, Paul Jorgensen e Jie Chen, 20 de dezembro de 2012

Agora, gostaríamos de chamar a atenção dos leitores para o fato de que o esquema de financiamento de campanhas patrocinadas por grandes investidores é muito diferente do apoio a campanhas imaginado pelos que conceberam a clássica teoria de governos democráticos: "A influência mais significativa exercida pelos grandes capitais na política com certeza não está na capacidade de dar de bandeja aos maiores ofertantes, no leilão de patrocínios, a vitória nas eleições. Na verdade, está na capacidade de levar os partidos, candidatos e participantes de campanha a firmar-se no compromisso para com a estreita gama de questões consideradas aceitáveis pelos grandes doadores. Na política, o fundamento da 'Regra de Ouro' jaz no simples fato de que concorrer a um cargo político importante nos Estados Unidos pode ser estupendamente caro. Desse modo, em razão da inexistência de movimentos sociais de grande escala, somente plataformas políticas passíveis ou dignas do financiamento empresarial podem ser apresentadas ao público. Por isso, em questões nas quais todos os grandes investidores estão de pleno acordo (pense agora no famoso um por cento), não ocorre nenhuma disputa política entre os partidos, ainda que todos saibam que parcelas majoritárias de eleitores querem justamente o contrário."

Princípio # 8
MANTER A RALÉ NA LINHA

Existe uma força organizada que, apesar de todas as imperfeições, sempre se manteve na linha de frente dos esforços para melhorar a vida da população como um todo. Ela é formada pelas organizações sindicais. É a única barreira capaz de deter o avanço desse círculo vicioso, que nos conduz a um Estado em que impera a tirania empresarial.

Por isso, uma das principais razões para o concentrado e quase fanático ataque contra sindicatos e trabalhadores sindicalizados está no fato de que eles são uma força democratizante. Eles funcionam como uma barreira na defesa dos direitos dos trabalhadores, mas também dos direitos da população de maneira geral. Isso interfere nas prerrogativas e no poder dos donos e administradores da sociedade.

Devo dizer que o sentimento antissindical existente nas elites dos Estados Unidos é tão forte que o componente fundamental dos direitos trabalhistas — o princípio elementar previsto pela Organização Internacional do Trabalho, que é o direito de livre associação e, como consequência natural, o direito de organizar sindicatos — nunca foi ratificado neste país. Nesse aspecto, acho que os Estados Unidos devem estar sozinhos em meio às grandes sociedades do planeta. Ele é considerado um direito tão absurdo na esfera política americana que, literalmente, nunca foi nem sequer analisado.

A classe empresarial é movida por um forte espírito de classe e, desse modo, todo vislumbre de ascensão do poder popular sempre causou grandes preocupações neles, que sempre acharam que "democracia demais" é muito perigoso. Tenha-se em mente que os Estados Unidos têm uma longa história de violentíssimos episódios no setor trabalhista em comparação com sociedades semelhantes. O movimento operário havia sido muito forte no passado, mas, já na década de 1920, época em que as coisas não eram diferentes das que vivenciamos nos dias atuais, ele foi praticamente esmagado — em parte pelo medo da Ameaça Vermelha na época do governo de Woodrow Wilson e, em parte, por outros motivos. (David Montgomery, um dos grandes historiadores especializados no movimento operário, relata isso em um de seus principais livros, *The Fall of the House of Labor*).*

Então, no início dos anos 1930, o movimento operário permaneceu estagnado, mas, em meados daquela década, começou a refazer-se. A criação da Confederação das Organizações Sindicais da Indústria foi a parte mais significativa desse processo e atraiu muitas pessoas. Ela teve também um efeito galvanizador em outras espécies de ativismo, juntamente com — supostamente não deveríamos dizer isto hoje — o Partido Comunista, que foi a ponta de lança de todo tipo de militância — em prol dos direitos civis, de movimentos político-sociais e assim por diante.

---

* Ver "Homens da Ford Surram e Escorraçam Sindicalistas de Rout Lewis; 80 mil Trabalhadores da Indústria do Aço em Greve; 16 Feridos no Conflito", *The New York Times*, 26 de maio de 1937, na página 135.

O NEW DEAL

Franklin Delano Roosevelt tinha alguma simpatia a leis progressistas que beneficiassem a população como um todo, mas precisava antes aprová-las. Tanto que ele dizia a líderes do movimento operário: "Forcem-me a fazer isso. Se vocês conseguirem, terei satisfação em fazê-lo." Com essas palavras, ele queria dizer o seguinte: "Saiam às ruas em manifestações, organizem-se, protestem, desenvolvam o movimento operário, façam greve e tudo o mais. Quando a pressão popular for suficiente, terei condições de fazer com que aprovem as leis que vocês querem." Portanto, havia uma espécie de combinação entre um governo simpático à causa trabalhista que estava interessado em superar o tremendo abalo e as consequências desastrosas da Grande Depressão — por sinal, causada também por uma crise financeira que eles estavam igualmente interessados em vencer — e a criação de leis que beneficiassem o povo de uma forma geral.

O mundo dos negócios, na verdade, ficou dividido durante os anos do New Deal, a década de 1930. As empresas de alta tecnologia voltadas para o mercado internacional apoiavam o New Deal. Elas não faziam objeções à concessão de direitos trabalhistas, salários dignos e outras coisas mais. E gostavam do aspecto de interesses político-comerciais globais abrangidos pelas diretrizes do New Deal. No caso, porém, da Associação Nacional de Fabricantes,* que reúne representantes do setor muito mais dependentes de mão de obra e com interesses bem mais voltados para o mercado interno, seus membros se opunham veementemente ao New Deal. Como se vê, havia uma divisão entre os donos do mundo. Por exemplo, o presidente da General Elec-

---

* Ver "Discurso de Harry Truman em Louisville, Kentucky", 30 de setembro de 1948, na página 136.

tric foi um dos maiores apoiadores de Roosevelt. E isso ajudou, juntamente com os maciços levantes populares, a permitir que Roosevelt seguisse adiante com a aprovação e execução das leis do New Deal, muito bem-sucedidas, por sinal. Isso assentou as bases para o crescimento econômico americano no pós-guerra, bem como para a superação dos piores efeitos da Grande Depressão. Não, porém, do problema do desemprego — esse perdurou até a Segunda Guerra Mundial.

Portanto, houve uma espécie de combinação de governo favorável à população e, em meados da década de 1930, um ativismo popular muito significativo. Ocorreram atos de protesto no interior das fábricas, como greves brancas, consideradas assustadoras por donos de negócios. Estes se viam obrigados a reconhecer que essas greves de ocupação e paralisação equivalem a uma situação em que os trabalhadores estão apenas a um passo de dizer: "Não precisamos de patrões. Podemos administrar isto aqui sozinhos." E os empresários ficaram horrorizados. Quando lemos matérias da imprensa corporativa de fins da década de 1930, vemos coisas como: "O perigo que os industriais têm pela frente com a ascensão do poder político das massas", o qual, logicamente, eles achavam que tinha de ser debelado. E também do tipo: "[Temos que travar] a incessante batalha pela conquista das mentes de certos homens para doutrinar o povo com a história do capitalismo" e por aí vai. Pode soar um marxismo vulgar, mas as classes empresariais tendem a ser marxistas vulgares mesmo ao combater a luta de classes. A literatura da área de negócios da década de 1930, aliás, nos faz lembrar o *Memorando Powell*: "Estamos perdidos. Está tudo arruinado." O mundo dos negócios começou a desenvolver, ademais, o que chamaram na época de métodos científicos de prevenção de greves. Como atos de violência não estavam funcionando, foram buscar formas mais sofisticadas para minar o movimento operário.

A Grande Depressão só terminou com a Segunda Guerra Mundial, quando foram criados enormes incentivos pelo governo à produção industrial — que praticamente quadruplicou —, fazendo com que as pessoas retomassem os postos de trabalho. Esse acontecimento preparou o terreno para o crescimento e desenvolvimento sem precedentes do pós-guerra, com estímulos e a injeção de recursos muito significativos na economia por parte do governo. (Se examinarmos corretamente o passado, veremos que os computadores, a Internet e outras inovações se desenvolveram consideravelmente graças ao que poderíamos chamar de setor estatal da economia. Aliás, a maior parte do setor de alta tecnologia se desenvolveu dessa forma.)

A ofensiva dos empresários

Com isso, as ações contra os interesses dos trabalhadores ficaram suspensas durante a Segunda Guerra Mundial, mas, imediatamente após o fim do conflito, a ofensiva dos empresários foi retomada com força total. Por exemplo, da instituição da Lei Taft-Hartley (limitava as ações e o poder dos sindicatos de 1947), e macartismo, com maciças campanhas empresariais de propaganda ideológica — com ataques a sindicatos, ambicionando o controle do sistema de ensino e das ligas esportivas, infiltrando-se em igrejas, enfim, controlar tudo mesmo —, algo simplesmente gigantesco. O que não falta são bons estudos sobre essa época.

A par de tudo isso, providenciaram também para que as pessoas fossem induzidas a ter uma atitude ambivalente em relação ao governo. Assim, por um lado, elas deveriam ser levadas a odiar e temer o governo, pois, afinal, ele podia ser um grande instrumento de concretização dos anseios populares. Simultaneamente, as grandes empresas privadas ficam livres de toda necessidade de prestação de contas por seus atos, criando, desse modo, uma forma de tirania oculta — quanto mais poder elas tivessem e quanto menor o poder nas mãos do governo, melhor seria, do ponto de vista dos ricos e poderosos. Então, por um lado, as pessoas tinham que ser induzidas a odiar o governo e, por outro, precisavam apoiá-lo, já que a iniciativa privada depende amplamente do apoio governamental em setores da economia que vão da alta tecnologia a finanças, passando pela possibilidade de ser socorrido financeiramente se necessário, de poder contar com uma grande força militar internacional e assim por diante. Enfim, um vasto espectro.

Nos anos do governo Reagan, a campanha aumentou tremendamente. Reagan disse mais ou menos o seguinte aos homens de negócios: "Se vocês querem acabar ilegalmente com as ações sindicais e as greves de forma ilegal, sigam em frente" — e realmente, os atos à margem da lei de cessação e debelação de greves deram um salto enorme, resultando na triplicação das demissões ilegais. Até mesmo antes, em 1978, o presidente do sindicato United Auto Workers, Doug Fraser, lamentou o fato de que, nas palavras dele: "Os homens de negócios estão travando uma luta desigual com a classe trabalhadora."* Ela continuou até os anos 1990 e, logicamente, se intensificou muito com George W. Bush. Nos dias atuais, menos de sete por cento dos trabalhadores do setor privado estão sindicalizados, embora isso não aconteça porque eles não queiram filiar-se.

---

* Ver Carta de exoneração do dirigente sindical Douglas Fraser apresentada ao Comitê Consultivo sobre Questões Trabalhistas do governo Carter, 17 de julho de 1978, na página 137.

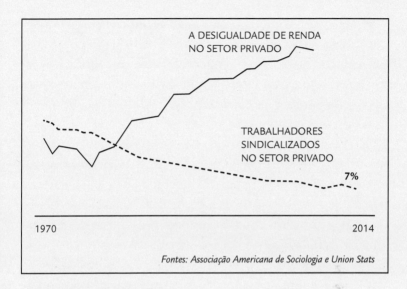

Fontes: Associação Americana de Sociologia e Union Stats

Pesquisas indicam que, em sua grande maioria, eles querem isso, mas não podem fazê-lo.

Alguns anos atrás, mais precisamente em 2011, vimos um exemplo impressionante de apoio público aos sindicatos — em Madison, Wisconsin, e em vários outros estados —, quando os esforços para aniquilar de vez os remanescentes do movimento operário pelo governador Walker e seus apoiadores super-ricos, os irmãos Koch e os membros do Partido Republicano, integrantes do Legislativo, provocaram maciças manifestações de protesto. Em Madison, dezenas de milhares de pessoas saíam às ruas todos os dias para "ocupar" a sede do Poder Legislativo do Estado. Elas tiveram um apoio popular enorme e pesquisas indicaram que a maioria da população os apoiava. Nem isso, porém, foi suficiente para fazer os legisladores recuarem em seus intentos, mas, se esse apoio popular continuasse, pudesse muito bem levar a um tipo de situação em que um governo simpático à causa pudesse reagir instituindo políticas destinadas a enfrentar os verdadeiros problemas do país (e não os que são alvos da preocupação das instituições financeiras). O efeito das campanhas de ofensiva empresarial do pós-guerra foi o de ter conseguido dissolver as costumeiras forças contrárias a assaltos lançados pela zelosa classe corporativista do empresariado.

O NOVO ESPÍRITO DA ÉPOCA

Quando uma pessoa detém o poder, tende a querer conservar esse privilégio consigo mesma, eliminando a possibilidade de alguém dele se apropriar, ou de compartilhá-lo. No século XIX, ao longo dos primeiros anos da Revolução Industrial nos Estados Unidos, os trabalhadores eram conscientes do espírito de classe. Em sua grande maioria, eles achavam que trabalho assalariado não diferia muito de escravidão, diferente apenas pelo fato de que era *temporário*. Aliás, essa era uma ideia tão disseminada que acabou se tornando uma das palavras de ordem do Partido Republicano. Foi também com base nela que trabalhadores nortistas foram à luta na Guerra Civil — eles queriam eliminar toda espécie de escravidão no Sul e a escravidão salarial no Norte. "Os trabalhadores deveriam tomar as fábricas" eram as palavras de ordem dos gigantescos sindicatos trabalhistas que estavam se formando naqueles anos.

Isso nos leva a voltar no tempo e suas raízes são interessantes. Há 150 anos, nos primórdios da Revolução Industrial, os americanos tinham uma imprensa bastante livre.* Por exemplo, trabalhadores possuíam seus próprios jornais, tanto em fábricas quanto em outros lugares, principalmente nos arredores da Nova Inglaterra. Na época, alguns temas eram presença constante nas

---

* Ver "Panfletos de Fábrica", as "Jovens Operárias" de Lowell, Massachusetts, 1845, na página 139.

páginas da imprensa. Havia um ataque feroz ao sistema industrial, com acusações de que estavam transformando americanos livres em verdadeiros escravos. O trabalho assalariado era considerado algo que não diferia muito da escravidão, mas o tema mais impressionante era a oposição ao que alguns chamavam de "O Novo Espírito da Época: enriquecer às custas dos outros." E isso foi em meados do século XIX. Esse era o "Novo Espírito" 150 anos atrás — o melhor negócio é enriquecer, sem pensar nas necessidades dos outros. Era uma afiada percepção do espírito de classe. Para os interessados na manutenção do poder e dos privilégios, seria bom modificar o que as pessoas pensavam. Afinal, não iriam querer que elas se dessem conta que pertenciam a uma classe oprimida. Chegamos, assim, à situação atual, na qual o termo "classe" se tornou uma palavra indecente, quase um palavrão — a pessoa não pode nem pensar em pronunciá-la.

Imagino que muitos tenham lido o primeiro parágrafo de *A riqueza das nações* na qual o autor fala sobre o açougueiro, o padeiro, as pessoas trabalhando junto, numa situação em que a divisão do trabalho é a coisa mais maravilhosa do mundo. Porém, poucos leitores devem ter chegado à página 450, onde ele condena veementemente a divisão do trabalho, pois transforma as pessoas em criaturas extremamente estúpidas e ignorantes, dado que são obrigadas a executar tarefas simples e repetitivas, no lugar de desenvolver e exercitar sua inteligência e criatividade. Assim, ele lança um apelo para que as sociedades civilizadas intervenham de modo a impedir que isso aconteça.

Afinal de contas, somos seres humanos, e não autômatos. A necessidade de trabalhar não retira a condição de ser humano. E a própria condição de ser humano implica no direito às tradições culturais — não apenas às suas próprias tradições, mas também às de muitas outras pessoas — e tornar-se não apenas um hábil operador, mas também um ser intelectualizado. Alguém que seja capaz de pensar criativamente e de forma independente, bem como pesquisar e questionar, e, desse modo, contribuir com a sociedade. Sem isso, você pode muito bem ser substituído por um robô. Enfim, acho que essas coisas simplesmente não podem ser ignoradas se quisermos ter uma sociedade em que valha a pena viver.

Aliás, outra palavra impronunciável é "lucros". Portanto, quando você ouvir um político dizer: "Precisamos gerar empregos", reflita um pouco, visto que, quase sempre, é o mesmo que se ele dissesse: "Temos que gerar lucros." Eles não estão nem aí para a geração de empregos, pois as pessoas que vivem dizendo: "Temos de gerar empregos" são as mesmas que os exportam para o México e a China, já que isso aumenta seus lucros, que é a verdadeira meta de seus anseios. Em suma, os poderosos fizeram mudanças em sua retórica, na tentativa de impedir que as pessoas vissem o que estava acontecendo — é uma atitude esperada de quem tem muito poder nas mãos, mas precisamos entender como isso acontece.

A CONSCIÊNCIA DE CLASSE

Em comparação com países industriais semelhantes, os Estados Unidos têm menos mobilidade social; porém, quando alguém começa a falar a respeito, as pessoas começam a pensar sobre a questão das classes sociais. Aliás, tenho uma amiga que leciona introdução à história numa faculdade pública; no início de seus cursos, ela costuma pedir a seus alunos que tentem identificar a classe donde provêm. Geralmente, ela recebe duas respostas típicas: se seu pai está preso, você pertence à classe baixa; se ele for zelador, você é da classe média. Observe que são as únicas categorias: ou o sujeito é da classe baixa, ou pertence à classe média. Acontece que, quando falamos a respeito de trabalhadores, na maioria dos casos nos referimos a eles como classe média. E, tal como eu disse antes, a classe média, nesse sentido — no sentido ímpar da sociedade americana — está sendo alvo de um tremendo ataque.

Portanto, esta é uma das poucas sociedades nas quais as pessoas simplesmente não falam sobre a questão das classes sociais. Na última vez que pesquisei sobre o assunto, vi que os responsáveis pelo recenseamento nem sequer dividem as pessoas em classes sociais. Aliás, a ideia de classes sociais é algo muito simples: Quem dá as ordens? Quem as obedece? Isso basicamente define a divisão de classes sociais. Logicamente, ela tem as suas nuances e complexidades, mas, basicamente, é isso.

Não somos geneticamente diferentes das pessoas da década de 1930. Aquilo que foi feito pode, portanto, ser feito de novo. E não deixe de considerar que, naquela época, os avanços vieram após um período que não difere em nada do atual — um tempo de grandes desigualdades, duras repressões, destruição do movimento operário, numa sociedade bem mais pobre do que a atual e com menos oportunidades. Podemos refazer o mesmo caminho e reorientar as recentes inovações naquela direção. Isso precisa ser feito, mas não acontecerá espontaneamente.

"HOMENS DA FORD SURRAM E ESCORRAÇAM...", 1937, E OUTRAS FONTES

"Homens da Ford Surram e Escorraçam Sindicalistas de Rout Lewis; 80 mil Trabalhadores da Indústria do Aço em Greve; 16 Feridos no Conflito", *The New York Times*, 26 de maio de 1937

Uma explosão de violência, na qual representantes sindicais foram espancados, chutados e escorraçados, marcou hoje a primeira tentativa da United Automobile Workers of America de organizar a luta pelos direitos trabalhistas dos funcionários da Ford Motor Company.

Richard T. Frankensteen, chefiando a campanha de sindicalização em nome da filial do setor automobilístico da Confederação das Organizações Sindicais da Indústria, e Walter Reuther, presidente da filial do sindicato dos trabalhadores da indústria automobilística em West Side, Detroit, foram atacados por um grupo de funcionários da Ford no portão 4 da unidade da empresa em Rouge, na cidade de Dearborn. Com outros dois homens que os acompanham para supervisionar a distribuição de folhetos do sindicato, caíram diversas vezes no chão com a força dos golpes desferidos pelos funcionários, levaram chutes e acabaram sendo forçados a se afastar do portão, apesar dos esforços de Frankensteen para se defender das pancadas de seus agressores.

Conflitos subsequentes, nos quais funcionários da empresa expulsaram representantes do sindicato que tinham ido ao local para distribuir panfletos também, resultaram em mais doze pessoas feridas, sete das quais eram mulheres, segundo declarou o sindicato.

"Foi a pior surra que levei na vida", afirmou Frankensteen publicamente. "Eles nos atiraram pela escada de concreto de uma passarela que havíamos subido. Assim que subimos, eles nos derrubaram com socos, nos levantaram e tornaram a nos atirar pelos degraus com mais agressões."

Tanto Frankensteen quanto Reuther, juntamente com várias das outras vítimas, receberam atendimento médico.

Discurso de Harry Truman em Louisville, Kentucky, 30 de setembro de 1948

Sabemos que a NAM [National Association of Manufacturers — Federação Nacional dos Fabricantes, na sigla em inglês] organizou esta conspiração contra o consumidor americano. Um de seus escritórios ficou tão orgulhoso do trabalho que fez que revelou a trama numa entrevista, que foi publicada depois de o controle de preços ter sido rejeitado. Agora, pois, peço que me escutem com bastante atenção.

Nessa entrevista, o diretor de relações públicas da NAM contou que sua organização gastou 3 milhões de dólares em 1946 para destruir a OPA [Office of Price Administration — Agência Reguladora de Preços]. A NAM gastou 1,5 milhão de dólares com matérias pagas em jornais. Mobilizou oradores para fazer mil palestras perante associações culturais e recreativas femininas, organizações cívicas, professores, bem como um para palestrar diante de 15 mil clérigos, outro para discursar ante 35 mil agricultores e mais outro para falar diante de 40 mil dirigentes de associações culturais e recreativas femininas. Uma folha com recortes de jornal, para fins de divulgação e reimpressão de propaganda político-ideológica, foi enviada a 7,5 mil jornais semanais e a 2,5 mil colunistas e chefes de redação.

Jamais houve uma campanha tão agressiva ou mais bem organizada para enganar e induzir o povo americano ao erro.

Carta de exoneração do dirigente sindical Douglas Fraser apresentada ao Comitê Consultivo sobre Questões Trabalhistas do governo Carter, 17 de julho de 1978

Prezado Membro do Comitê Consultivo:
[...] Embora relutantemente, cheguei à conclusão de que não posso continuar a fazer parte do Comitê Consultivo sobre Questões Trabalhistas. Portanto, me desligarei do comitê a partir de 19 de julho [...].

Concluí que minha participação nestas reuniões não é mais útil para mim ou para os 1,5 milhão de trabalhadores que represento como presidente do UAW [iniciais do sindicato United Auto Workers]. Acredito que, atualmente, líderes do mundo dos negócios, com poucas exceções, optaram por travar uma luta de classes desigual neste país — uma verdadeira guerra contra os trabalhadores, os desempregados, os pobres, as minorias, os muito jovens, os bastante idosos e até contra muitos da classe média de nossa sociedade. Os dirigentes da indústria, do comércio e das finanças dos Estados Unidos romperam e jogaram fora o frágil e tácito acordo que existiu num passado de crescimento e progresso [de nosso país].

Durante um tempo considerável, os dirigentes do mundo dos negócios e do setor trabalhista sentaram-se à mesa com os representantes do Comitê Consultivo sobre Questões Trabalhistas, onde superaram diferenças e buscaram um consenso quando possível. Isso funcionava porque os integrantes do empresariado americano conseguiam sucesso na defesa de uma lealdade abrangente para com práticas capitalistas professamente benignas, que davam ênfase aos valores da propriedade privada, à independência e à autodisciplina em suas relações comerciais e trabalhistas, com uma atitude leal a políticas governamentais de plena liberdade e democracia.

Logicamente, esse sistema funcionou melhor para os "bem-providos" de nossa sociedade do que para os seus "desprovidos". De qualquer forma, em parte ele sobreviveu por causa de um motivo inconfessável: o de que, quando as coisas ficavam bastante ruins para uma parcela de nossa sociedade, a elite empresarial "cedia" um tantinho que fosse — possibilitando assim que o governo ou grupos de interesse melhorassem um pouco as condições de existência dessa parcela. Geralmente, essa concessão era feita somente depois de lutas constantes, tais como a travada pelo movimento operário na década de 1930 e durante ações do movimento pelos direitos civis nos anos de 1960 [...].

O último rompimento de nossas relações talvez seja também o mais grave. A luta empreendida pela comunidade empresarial contra o projeto de Reforma da Legislação Trabalhista representa o ataque mais violento e injusto contra o movimento operário em mais de 30 anos [...]. A reforma da legislação trabalhista em si não teria sindicalizado um único trabalhador sequer. Ao contrário, teria começado a limitar a capacidade de certos empregadores desonestos para impedir trabalhadores de escolher democraticamente a opção de serem representados por sindicatos durante atrasos por parte do empregador e flagrante violação da legislação trabalhista [...].

A ascensão político-econômica de grandes empresas multinacionais que não se importam nem um pouco com a ideia de patriotismo e questões morais, a não ser com seus próprios interesses, transformou a necessidade de transparência e responsabilidade das próprias ações em algo quase inexistente. Em praticamente todos os níveis, percebo a exigência dos homens de negócios de um papel submisso por parte do governo e a existência neles de um individualismo empresarial sem limites. Se, no passado, o grande anseio da indústria era ver os sindicatos se tornarem subservientes, agora ela não quer que exista sindicato nenhum.

"Panfletos de Fábrica", as "Jovens Operárias" de Lowell, Massachusetts, 1845

Quando vende um bem seu qualquer, você continua na posse de si mesmo. Porém, quando vende o produto de seu trabalho, você vende a si mesmo, perdendo os direitos dos homens livres e tornando-se vassalo de estabelecimentos gigantescos, controlados por uma aristocracia endinheirada que ameaça aniquilar qualquer um que ouse questionar seu direito de escravizar e oprimir. As pessoas que trabalham nas fábricas deveriam ser seus donos, e não ter o status de máquinas controladas por déspotas do capital privado, que estão encravando princípios monárquicos no solo democrático, rebaixando os níveis de liberdade e a plena fruição de direitos, a dignidade da civilização, a qualidade da saúde, os bons costumes e a inteligência à baixeza dos domínios rasteiros do novo feudalismo comercial.

Princípio # 9

FABRICAR O CONSENSO

Na Era Moderna, um dos primeiros e mais importantes trabalhos sobre a natureza dos governos saiu das mãos de David Hume, um grande filósofo e teórico político. Ele escreveu o que chamou de "teoria do governo". No texto, uma das coisas que ressaltou foi a ideia de que, em todo Estado, independentemente do seu tipo — feudal, militar ou de outra espécie qualquer — "o poder está sempre nas mãos dos governados". Eles podem, caso unidos e organizados, tomar o poder. Se os governantes conseguirem fazer com que os governados sintam-se desprovidos de poder, então os poderosos podem governar. Todavia, se os governados entenderem que eles *detêm* poder, então os governos repressores e os autoritários ruirão perante a força dos governados. Esta é uma das razões pelas quais temos esta gigantesca indústria de relações públicas.*

O surgimento da indústria de relações públicas

A indústria de relações públicas é um fenômeno que se desenvolveu nos países mais livres, como os Estados Unidos e a Grã-Bretanha, e a razão disso é bastante óbvia. Um século atrás, ficou claro que não

---

* Ver *Ensaios Morais, Políticos e Literários*, David Hume, 1741, na página 151.

seria tão fácil controlar a população pelo uso da força. Afinal, liberdade havia sido conquistada com a sindicalização de trabalhadores e com a atuação de partidos trabalhistas democráticos em diversos países, as mulheres começando a ter o direito de voto entre outros. Foi semelhante à década de 1960, com o tal perigo da democracia, e a reação foi um tanto parecida. Parte crucial dessa reação foi o surgimento da indústria de relações públicas.

Do ponto de vista intelectual, seu representante de maior destaque, uma espécie de guru do setor, foi Edward Bernays,* com seus discursos de viés progressista originários da chamada extrema-esquerda, tendo contribuído para com os governos de Wilson, Roosevelt e Kennedy. Ele escreveu um livro intitulado *Propaganda* — o termo era usado com lisura naqueles dias —, obra que era uma espécie de manual, fornecendo orientação teórica aos interessados na nascente indústria de relações públicas. Ele explicou o objetivo da obra em termos meio que madisonianos, afirmando que o país tinha de ser governado pela "minoria inteligente", a qual, logicamente, eram *eles*. Qualquer pessoa que defenda essa ideia faz parte da minoria. Portanto, a minoria das pessoas instruídas e inteligentes é que tinha de governar o país, em nome dos interesses da população como um todo. Para ele, não se podia permitir que as massas tomassem as decisões, pois elas seriam terríveis. Explicou que parte do método pelo qual essa minoria poderia fazer isso seria recorrendo ao que ele chamou de "engenharia do consentimento" das massas. Segundo ele, como boa parte da população era burra demais para entender determinadas situações, a elite deveria manipular a concordância da população com respeito às decisões da minoria inteligente, e esse é o objetivo das relações públicas.

---

* Ver *Propaganda*, Edward Bernays, 1928, na página 152.

Vemos essa doutrina no pensamento intelectual progressista, como o de Walter Lippmann, o maior intelectual progressista do século XX. Ele escreveu famosos ensaios sobre a democracia, onde ele diz o seguinte: "O povo deve ser posto em seu lugar", de modo que os homens responsáveis possam tomar decisões sem interferências do "rebanho confuso".

Fabricando consumidores

Estava claro e bem entendido que, na visão da elite, era necessário controlar as massas por intermédio de crenças e atitudes. Ora, uma das melhores formas de se controlar as possíveis atitudes das pessoas é com aquilo que o importante economista Thorstein Veblen denominou de "fabricação de consumidores". Se for possível, fabricar necessidades e tornar indispensável à vida das pessoas a aquisição de determinados produtos, elas devem ser induzidas a cair na armadilha do consumo. Desse modo, quem lesse as páginas de jornais de negócios da década de 1920, veria artigos falando da necessidade de se induzir as pessoas a tomarem gosto por supérfluos, tais como "produtos da moda", pois isso faria com que não incomodassem a elite.

Aliás, Bernays realizou tamanhas façanhas na vida que vale a pena citá-las. A primeira delas foi fazer com que as mulheres passassem a fumar.* Como as mulheres não fumavam naquela época, ele organizou grandes campanhas publicitárias — acho que foi para a Chesterfield, na década de 1930 — para convencê-las que fumar era o que chamaríamos hoje de atitude "chique". Algo condizente com os tempos modernos e que a mulher livre deveria fazer, e por aí vai. Impossível calcular

---

* Ver "De Tabu Social a 'Chama da Liberdade': A Propaganda para a Venda de Cigarros a Mulheres", Amanda Amos e Margaretha Haglund, 2000, na página 153.

quantas dezenas de milhões de mortes podemos atribuir a esse sucesso. (Outro grande sucesso dele foi na década de 1950, quando trabalhava para a United Fruit Company, e convenceu as pessoas a derrubarem o governo democrático da Guatemala — pois seus políticos estavam ameaçando o controle que a empresa queria ter sobre a economia e a sociedade guatemalteca —, campanha que levou a mais de cinquenta anos de horrores e atrocidades.)

Portanto, são conceitos e valores da elite que vêm permeando nossa história desde longa data. A indústria da publicidade teve um crescimento rápido com a busca desse objetivo — fabricar consumidores e induzir as pessoas a caírem na armadilha de um consumismo inescapável —, e isso é feito com grande sofisticação. A situação ideal é a que temos hoje quando, por exemplo, adolescentes com tempo livre numa tarde de sábado resolvem passear num shopping em vez de irem a uma biblioteca ou a outro lugar qualquer. Certamente, essas crianças sentem-se da seguinte forma: "Não terei conseguido nada na vida se eu não puder comprar mais um aparelho eletrônico."

A ideia é tentar controlar *todos*, transformar a sociedade inteira num sistema de consumo perfeito. O sistema perfeito seria uma sociedade que funcionasse como uma *díade* — isto é, aos pares. Essa dupla seria você e seu aparelho de televisão, ou talvez você com seu iPhone e a Internet. Procuram incutir na mente das pessoas imagens do que consideram uma vida ideal — quais os aparelhos que devem ter, o que fazer para preservar a saúde etc. Gasta-se tempo e esforço adquirindo coisas que não são necessárias — e que talvez até se jogue fora após algum tempo —, mas que são símbolo de uma vida digna.

Escolhas irracionais

Se você já fez algum curso de economia, sabe que os mercados supostamente são baseados em consumidores informados que fazem escolhas racionais. Nem preciso lhe dizer que não é o que acontece. Se os anunciantes se guiassem pelos princípios lógicos do mercado, então grandes empresas, como a General Motors, faria uma pequena propaganda anunciando seus produtos, junto com uma descrição de suas características, acompanhada de comentários da revista *Consumer Reports*, de modo que a pessoa pudesse formar uma opinião sobre suas qualidades e conveniência.

No entanto, as propagandas de carros não são feitas dessa forma — geralmente, o que vemos numa propaganda de carro é um astro do futebol, ou uma atriz de grande sucesso, fazendo coisas loucas dentro de um veículo, como subir uma montanha ou algo assim. Se você assiste à televisão de vez em quando, sabe que centenas de milhões de dólares são gastos na tentativa de criar consumidores desinformados que façam escolhas *irracionais* — esse é o objetivo das propagandas.

Alguns anos atrás, a indústria da publicidade percebeu que havia uma parcela da população que não estava sendo alcançada por seus esforços — a das crianças.* É que, pensavam eles, como as crianças não têm dinheiro, não faz sentido realizar campanhas publicitárias voltadas para elas. Porém, finalmente compreenderam que era um erro e que, embora elas não tenham dinheiro, seus pais têm. Assim, desenvolveram um novo conceito na indústria da propaganda, o qual denominaram de "fator amolação". No mundo acadêmico, departamen-

---

* Ver *País Fast Food: O lado nocivo da comida norte-americana*, Eric Schlosser, 2001, na página 154.

tos de psicologia aplicada estudam várias formas de amolação — caso o anunciante queira que a criança importune os pais para que eles comprem um determinado produto, anunciam de uma determinada forma; caso o foco seja outro produto, anunciam de outra maneira.

Os pais estão familiarizados com essas artimanhas porque veem a coisa acontecer. Quando assisto à televisão com meus netos, por exemplo, percebo que, já aos 2 anos, eles são inundados com propagandas — as coisas que seus pais têm de comprar para eles. Tudo começa na infância e podemos ver isso claramente. Aliás, existem bons estudos sobre os efeitos disso em crianças e adultos. Em suma, é uma das formas de aprisionar pessoas na armadilha do consumo.

Outra importante forma de aprisionamento das pessoas é levá-las a contrair dívidas. Não foi um artifício inventado aqui, e tem uma história interessante. Na década de 1830, quando os britânicos estavam abandonando suas práticas escravocratas nas colônias, depararam-se com um problema. O que fariam quando os escravos ficassem livres? Como seria possível fazê-los continuar trabalhando nas grandes monoculturas de exportação? Afinal de contas, as terras eram abundantes e eles poderiam simplesmente partir para outra região, conseguir um lote de terra e levar uma vida bastante feliz. Ora, para resolver o problema, eles simplesmente lançaram mão do método de dominação de sempre.

O que eles precisavam fazer era induzi-los a cair na armadilha do consumismo. Enchê-los de propaganda, tentá-los com ofertas sedutoras, e assim por diante, de modo que os libertos adquirissem esses produtos de um jeito ou de outro. Eles passariam a frequentar as lojas comerciais para comprá-los, se endividariam e, em pouco tempo, estariam presos na armadilha consumista — e, no fim das contas, a economia da escravidão estaria de volta.*

Minando as eleições

Quando essas mesmas instituições — as do sistema de relações públicas — participam de campanhas eleitorais, agem de forma idêntica. Procuram criar um eleitorado desinformado que seja levado a fazer escolhas irracionais, quase sempre contra seus próprios interesses.

A democracia parte do pressuposto da existência de cidadãos bem-informados, tomando decisões racionais. Porém, a indústria de relações públicas realiza campanhas para entupir os eleitores de coisas inúteis, como ilusões, personalidades e assim por diante. Afinal, é importante mantê-los distantes dos grandes problemas — e a razão para isso é bastante clara. No que diz respeito aos grandes problemas, existe um claro conflito entre políticas públicas, feitas por uma elite, e a opinião pública. Por isso, tratam de induzir as massas a preocupar-se com coisas irrelevantes e minar a democracia — e também contribuir com o objetivo geral de marginalização e fragmentação política da população e canalizar suas preocupações para longe daquilo que realmente poderia ser importante, na condição de agentes participativos de uma sociedade livre, democrática e vibrante, na qual trabalhassem por ela como um todo.

Enfim, querem que as pessoas sejam meros espectadores, e não participantes. E terão uma "democracia satisfatoriamente funcional" — de volta a Madison, passando pelo *Memorando*

---

* Ver *O Dobro do Trabalho Feito pelo Trabalhador Livre: A Política Econômica do Trabalho de Presidiários na Região Sul dos EUA*, Alex Lichtenstein, 1996, na página 155.

Powell e assim por diante. Isso acontece toda vez que realizam uma dessas extravagâncias eleitoreiras.

Vendendo candidatos

Logo após a eleição, o presidente Obama ganhou um prêmio da indústria publicitária pela melhor campanha de marketing de 2008.* Embora isto não tenha sido relatado aqui, se você procurar nas páginas dos jornais de negócios internacionais, verá que muitos executivos ficaram eufóricos. Eles disseram: "Temos vendido candidatos como propaganda de pasta de dente desde os tempos de Reagan, e esta é a maior de nossas realizações."

Não costumo concordar com Sarah Palin, mas, quando ela zomba do que chama de "vãos discursos de esperança e mudança", ela tem razão. Em primeiro lugar, Obama realmente não prometeu nada, e a maior parte é pura ilusão. Para ter certeza, basta analisar o conteúdo de seus discursos de campanha. Você verá que existe muito pouco a respeito de questões de políticas públicas, e por muito boa razão — porque a opinião do povo está muito distante daquilo que a liderança dos dois partidos e seus financiadores querem. Cada vez mais, políticas governamentais vêm se concentrando nos interesses privados que financiam as campanhas eleitorais, numa situação em que o povo é mantido deliberadamente alienado da participação política.

Se refletirmos sobre essa questão, veremos que a razão pela qual a indústria publicitária — que gasta centenas de milhões de dólares por ano para criar um indivíduo voltado para a satisfação de necessidades artificiais impostas por agentes ex-

---

* Ver "Obama Ganhou! [...] O Prêmio de Protagonista da Melhor Campanha de Marketing do Ano da *Ad Age*", *Advertising Age*, Matthew Creamer, 17 de outubro de 2008, na página 156.

ternos, visando transformá-lo num consumidor desinformado tomando decisões irracionais —, a razão de essa indústria investir recursos financeiros gigantescos nisso é porque acreditam que as pessoas são racionais. Do contrário, não se dariam a esse trabalho. Ou seja, vêm despendendo imensos esforços para transformar as pessoas em criaturas irracionais. E estão certos na sua lógica, não estão desperdiçando dinheiro. Se não fizessem isso, as pessoas passariam a tomar decisões racionais e, acredito eu, desmantelariam sistemas de autoridade ilegítima e instituições hierárquicas.

ENSAIOS MORAIS, POLÍTICOS E LITERÁRIOS, 1741, E OUTRAS FONTES

Ensaios Morais, Políticos e Literários,
David Hume, 1741

Nada parece mais surpreendente, para os que examinam os problemas humanos com olhos filosóficos, do que a facilidade com que muitos são governados por tão poucos, assim também a resignação com que os homens renunciam tacitamente a seus próprios sentimentos e ardentes anseios em favor daqueles que empolgam o espírito de seus governantes. Quando refletimos sobre por quais meios esse prodígio é realizado, descobrimos que, na verdade, como a FORÇA está sempre do lado dos governados, os governantes não têm nada que os apoie, exceto a opinião das massas. Os governos se firmam, portanto, somente na opinião do povo. E essa máxima se aplica também aos governos mais despóticos e militarizados, bem como aos mais sociopoliticamente livres e populares. O sultão do antigo EGITO, por exemplo, como também o imperador de ROMA, conseguia induzir seus inofensivos súditos, como se fossem animais irracionais, a agirem contra seus próprios sentimentos e inclinações: Porém, no mínimo, ele deve ter tido de comandar seus *mamelucos*, ou seus homens da *guarda pretoriana*, como homens, firmando-se igualmente em suas opiniões.

Propaganda,
Edward Bernays, 1928

A manipulação consciente e inteligente de consolidados hábitos e opiniões das massas é um importante fator nas sociedades democráticas. Os que manipulam esse componente invisível da sociedade constituem o governo oculto, a entidade que é a verdadeira força governante de nosso país.

Nós somos governados, nossas mentes são moldadas, nossos gostos, formados, ideias acabam sendo incutidas em nossas mentes, pelas mãos de homens dos quais nunca ouvimos falar nada. É uma consequência lógica da forma pela qual nossa sociedade democrática é organizada. Afinal, números enormes de seres humanos devem cooperar deste modo se quiserem viver juntos numa sociedade que funcione harmoniosamente [...].

Os que nos governam o fazem por meio de suas qualidades naturais de líderes, sua capacidade de fornecer ideias indispensáveis e sua posição-chave na estrutura social. Assim, qualquer que seja a atitude que tomemos para lidar com essa situação, subsiste o fato de que, em quase todos os atos de nossas vidas diárias, quer seja na política ou nos negócios, quer em nossas relações sociais ou em nosso pensamento ético, continuamos dominados por um número relativamente pequeno de pessoas — uma fração insignificante de nossa população de 120 milhões —, as quais entendem os processos mentais e os padrões de comportamento social das massas. São elas que puxam as cordinhas que controlam a mente do povo, elas que controlam as forças sociais e concebem novas formas de cegar e guiar o mundo [...].

A nossa deve ser uma democracia com uma liderança formada pela minoria inteligente, cujos integrantes saibam conduzir as massas e controlá-las com mão de ferro.

Seria isso uma forma de governar usando propaganda política? Chame, se você preferir, de governo pela educação. Todavia, educação, no sentido acadêmico do termo, não é suficiente. Essa propaganda deve ser feita por pessoas esclarecidas e especializadas, com a criação de circunstâncias, bem como pelo destaque de acontecimentos de considerável relevância e pela dramática magnificação de problemas importantes. Desse modo, o estadista do futuro terá condições de levar o povo a concentrar-se em aspectos fundamentais de sua política governamental e conduzir com mão firme um número gigantesco de eleitores heterogêneos pelos caminhos de uma compreensão lúcida e de ações inteligentes.

"De Tabu Social a 'Chama da Liberdade': A Propaganda para a Venda de Cigarros a Mulheres", Amanda Amos e Margaretha Haglund, 2000

É questionável a ideia de que o hábito de fumar teria se tornado tão popular entre as mulheres, tal como realmente aconteceu, se as empresas de tabaco não tivessem aproveitado a oportunidade de explorar, nas décadas de 1920 e 1930, ideias de liberdade, poder e outros valores femininos, com a finalidade de incorporar as mulheres ao mercado de consumo de cigarros. Os representantes dessa indústria precisavam, sobretudo, criar novas imagens e valores sociais para que as pessoas deixassem de ver mulheres fumantes como algo associado à decadência e ao comportamento vulgar. O hábito de fumar deveria sofrer uma transformação, de modo que parecesse não apenas respeitável, mas também sociável, elegante, moderno e feminino. O alcance dessa meta representava uma provável duplicação do consumo do produto. Conforme observado em 1928 pelo sr. Hill, o presidente da American Tobacco: "Será como poder explorar uma nova mina de ouro no jardim de casa."

País Fast Food: O lado nocivo da comida norte-americana,
Eric Schlosser, 2001

Ao longo da década de 1980, houve um aumento explosivo das campanhas publicitárias voltadas para o consumidor infantil. Muitos trabalhadores, sentindo um peso na consciência pelo fato de que vinham dedicando menos tempo aos filhos, começaram a gastar mais dinheiro com as crianças. Um especialista em marketing chamou os anos de 1980 de "a década do consumo infantil". Depois de anos ignorando quase totalmente o potencial de consumo nas crianças, Madison Avenue começou a estudá-las e a pesquisar sobre elas. Agora, grandes agências de publicidade contam com divisões especializadas em crianças, e um número considerável de empresas de marketing se concentra exclusivamente no mercado infantil. Esses grupos costumam ter nomes suaves e atraentes, como: Small Talk, Kid Connection, Kid2Kid, Geppetto Group, Just Kids, Inc. Pelo menos três publicações dedicadas ao setor industrial — *Youth Market Alert*, *Selling to Kids* e *Marketing to Kids Report* — fazem coberturas das últimas campanhas publicitárias e de pesquisas de mercado. O crescimento do setor publicitário dedicado ao mercado consumidor infantil tem sido conduzido por esforços objetivando o aumento do consumo nesse mercado não apenas agora, mas no futuro também. Movidas pela esperança de que lembranças nostálgicas de uma famosa marca da infância podem levar o consumidor a comprá-la ao longo da vida inteira, as empresas estão preparando agora estratégias publicitárias envolvendo a ideia de uma fidelidade de consumo que se estenda do "berço ao túmulo". É que elas passaram a acreditar naquilo que Ray Kroc e Walt Disney haviam percebido muito tempo antes — a "fidelidade à marca" de uma pessoa pode começar já aos dois anos de idade. Aliás, pesquisas de mercado indicam que, muitas vezes, as crianças reconhecem um logotipo de marca antes mesmo de se tornarem capazes de reconhecer o próprio nome [...].

Nos dias atuais, o grosso das campanhas publicitárias direcionadas a crianças tem por objetivo obter resultados imediatos. "E não se trata apenas de induzir as crianças a espernear", explicou um marqueteiro numa entrevista para a *Selling to Kids*, "mas também dar a elas um motivo específico para pedir que lhes comprem o produto." Anos atrás, o sociólogo Vance Packard comparou as crianças a "assistentes de vendas" que tinham de persuadir outras pessoas, geralmente os próprios pais, a comprar o que elas queriam. Agora, os especialistas em marketing usam expressões diferentes para explicar o comportamento que almejam provocar na criançada com seus anúncios — tais como "poder de influência", "fator amolação", "poder da importunação". O objetivo da maioria das campanhas publicitárias voltadas para o mercado de consumo infantil é simples: levar crianças a amolarem seus pais, e a fazer isso muito bem.

O Dobro do Trabalho Feito pelo Trabalhador Livre: A Política Econômica do Trabalho de Presidiários na Região Sul dos EUA,
Alex Lichtenstein, 1996

Assim como aconteceu nas sociedades de grandes monoculturas de exportação ao longo de todo o século XIX, o fim da escravidão e a necessidade de enfrentar o desafio das relações trabalhistas de homens livres incentivaram a classe dos proprietários de terras a buscar novas formas de controlar a mão de obra do setor agrícola. Em todas as sociedades que tiveram um período de pós-emancipação de escravos, a necessidade de haver um equilíbrio entre a possibilidade de ex-escravos serem donos de terras, conquistando assim autossuficiência, e sua dependência de trabalho remunerado foram determinantes para o caráter rigoroso desse controle da mão de obra. Na região Sul dos

Estados Unidos, os donos de grandes monoculturas de exportação transformaram eficientemente ex-escravos num proletariado rural, cujos integrantes participaram da criação de uma série de relações trabalhistas, as quais envolviam desde atividades de arrendamento agrícola e agricultura de meação a trabalhos em regime de servidão. A inevitável consequência política desse sistema de trabalho foi a preservação da supremacia dos homens brancos.

"Obama Ganhou! [...] O Prêmio de Protagonista da Melhor Campanha de Marketing do Ano da *Ad Age*", *Advertising Age*, Matthew Creamer, 17 de outubro de 2008

Poucas semanas antes de comprovar se sua campanha eleitoral, combinando discursos com apelos populares e o emprego de técnicas de persuasão e recursos próprios dos grandes conglomerados de comunicação, conseguiu converter o eleitorado americano, o senador Barack Obama demonstrou que já conquistou o apoio dos promotores de marcas. Seus esforços eleitorais foram agraciados com o prêmio de melhor campanha do ano de 2008 pela *Advertising Age*.

O senhor Obama ganhou os votos de centenas de profissionais de marketing, presidentes de agências de publicidade e prestadores de serviços publicitários reunidos aqui, na conferência anual da Associação Nacional dos Anunciantes [...] "Sinceramente, fico pensando na campanha eleitoral [de Obama] e a vejo como algo com o qual todos nós podemos aprender alguma coisa como profissionais de marketing", disse Angus Macaulay, vice-presidente de soluções de marketing da Rodale.

Princípio # 10

MARGINALIZAR A POPULAÇÃO

Martin Gilens, um dos mais destacados cientistas políticos da atualidade, fez importantes estudos sobre as correlações entre os anseios da população e as políticas públicas, com base em dados de pesquisas de opinião. Por sinal, é um assunto muito fácil de estudar — afinal de contas, políticas governamentais podem ser vistas, e opinião pública surge dos dados das pesquisas de opinião. Num desses estudos,* feito em conjunto com Benjamin Page, outro excelente cientista político, Gilens escolheu para exame 1.700 decisões relacionadas com políticas públicas e as comparou com os anseios do público e o interesse corporativo. O que elas demonstram, e acho que convincentemente, é o fato de que políticas públicas não têm nada a ver com os anseios do povo, e estão estreitamente vinculadas aos interesses das grandes empresas. Em outro trabalho, ele demonstrou que cerca de setenta por cento da população não exercem nenhuma influência na definição de políticas públicas — é como se morassem em outro país. E quando examinamos o nível de renda e de riqueza, o impacto das políticas públicas é

---

* Ver "Testando Teorias da Política Americana: Elites, Grupos de Interesse e Cidadãos Comuns", Martin Gilens e Benjamin I. Page, 2014, na página 171.

ainda maior — os ricos, de uma forma geral, conseguem o que eles querem.

Os dados dessas pesquisas de opinião não são suficientemente detalhados para que pudéssemos examinar a questão além dos dez por cento mais ricos da população, o que é meio enganador, pois a verdadeira concentração de poder está na ínfima fração de um por cento da população. No entanto, se o estudo tivesse chegado a esse nível de requinte, teria sido óbvio o que constataríamos: essa pequena parcela consegue tudo o que quer, porque, na prática, são eles que administram e controlam tudo.

O fato de políticas públicas não corresponderem aos interesses da população não deveria surpreender ninguém. Afinal, é o tipo de coisa que vem ocorrendo há muito tempo. A verdade é que as políticas governamentais são feitas para instituir e preservar o poder do Estado e das classes dominantes. Nos EUA, esse poder de classes está, principalmente, nas mãos do setor corporativo. O bem-estar da sociedade está em segundo plano e quase nunca recebe a atenção necessária. E a população sabe disso. Por esse motivo temos essa grande hostilidade com as instituições — com todas elas. Assim, quase sempre o apoio ao Congresso se expressa em números de apenas um dígito; as pessoas não gostam da presidência; detestam as grandes empresas; bancos são odiados — isso se estende por todos os setores. Até mesmo a ciência é desprezada: "por que deveríamos acreditar nela?".

UM SENTIMENTO DE RAIVA DIFUSO

Existe mobilização e ativismo popular em nosso país, mas na direção de objetivos prejudiciais às próprias pessoas que deles participam. São coisas que estão tomando forma de um sentimento de raiva difuso — manifestações de ódio, ataques recíprocos, alvos vulneráveis. Irracionalidade de pessoas agindo contra seus próprios interesses — aliás, isso ocorre *literalmente* falando. Apoio a políticos cujo objetivo é prejudicá-las ao máximo. Estamos vendo essas coisas acontecerem bem diante de nossos olhos. Basta assistir à televisão e navegar pela Internet para ver esse fenômeno todos os dias. É o que acontece. Funciona como um agente de corrosão nas relações sociais, mas *a finalidade é justamente esta*. O objetivo é fazer com que as pessoas se odeiem e tenham medo umas das outras, que tratem de cuidar apenas de si e não façam nada por ninguém.

Donald Trump, por exemplo. Faz muitos anos que venho escrevendo e falando sobre o perigo do surgimento, nos Estados Unidos, de um ideólogo carismático, alguém que conseguisse explorar o medo e o ódio que anda fervilhando, um perigo latente em grande parte da sociedade, enfim, alguém que fosse capaz de desviar esse sentimento para longe das verdadeiras causas de nossos males, canalizando-o na direção de alvos frágeis e inofensivos. Contudo, faz muitos anos também que esses perigos são reais, talvez ainda mais se considerarmos as forças que Trump desencadeou, até porque ele não se enquadra na imagem de um verdadeiro ideólogo. Na verdade, ele parece ter muito pouco de uma ideologia efetivamente pensada exceto pelo *eu* e *meus* amigos.

Ele recebeu um apoio enorme de pessoas com raiva e ódio de tudo e todos. Tanto é assim que, sempre que Trump faz algum comentário horrível a respeito de alguém, sua popularidade aumenta. É uma popularidade assentada em sentimentos de ódio e medo. O fenômeno que estamos vendo aqui é de "ódio generalizado". Em grande medida, por parte de pessoas brancas, da classe operária, de integrantes da baixa classe média, de pessoas que ficaram abandonadas e esquecidas durante o período do neoliberalismo. Elas atravessaram uma geração inteira de estagnação e decadência. E decadência, inclusive, no funcionamento da democracia, pois até mesmo a atuação política mal reflete suas preocupações e a busca da concretização de seus interesses. Tiraram tudo. Não existe crescimento econômico, só para uma minoria. Todas as instituições estão contra. Por isso, elas têm um desprezo imenso pelas instituições, principalmente pelo Congresso. Grande é a preocupação que elas têm de que estejam perdendo seu próprio país porque um "eles generalizado" está tomando conta de tudo. Essa forma de transformar em bode expiatório aqueles que são mais vulneráveis, juntamente com a ilusão de que estão sendo tratados com mimos e leniência pelas "elites liberais", é algo bem conhecido, acompanhado de seu habitual cortejo com resultados dolorosos. É importante considerar que legítimos receios e preocupações das massas podem ser enfrentados com políticas públicas sérias e construtivas.

Em 2008, muitos dos seguidores de Trump votaram em Obama, acreditando na mensagem de "esperança e mudanças". Porém, viram muito pouca coisa ser feita e, agora, desiludidos, foram seduzidos por um impostor oferecendo uma mensagem diferente, mas que poderá levar a uma reação terrível quando sua imagem desmoronar. Todavia, os resultados dessas promessas poderiam ser muito mais promissores se houvesse um programa autêntico e expressivo, que verdadeiramente infundisse esperança na população e prometesse gerar de fato, com a devida seriedade, mudanças extremamente necessárias. Em vez disso, a resposta a esse estado de coisas é a manifestação de um ódio generalizado contra tudo e contra todos.

Por exemplo, no dia 15 de abril. É uma espécie de medida — o dia limite para a declaração do Imposto de Renda — de quanto a nossa sociedade é ou não democrática. Numa sociedade realmente democrática, o dia 15 de abril deveria ser um dia de comemorações. É um dia em que a população se reúne para decidir sobre o financiamento de programas e atividades que contribuem e entraram em algum tipo de acordo. Deveríamos comemorá-lo. O que poderia ser melhor do que isso?

Contudo, não é o que acontece nos Estados Unidos. É um dia de luto. É o dia em que alguma potência alienígena, que nada tem a ver com você, vem roubar seu dinheiro ganho com muito suor — e aí você faz todo o possível para impedir que façam isso. Isso dá uma ideia, pelo menos na consciência da população, das condições em que nossa democracia está realmente funcionando. O quadro não é nada atraente.

As tendências a que nos referimos, que vão se materializando na sociedade americana, criarão, a menos que sejam revertidas, uma sociedade extremamente ruim para se viver. Uma sociedade cujos alicerces se assentarão na máxima vil de Adam Smith do "tudo para nós, e nada para os outros", uma sociedade movida pelo Espírito de Época do "conquistar riquezas esquecendo-se de todos, exceto de si mesmo", uma sociedade na qual os instintos e sentimentos, normais ao ser humano, como empatia, solidariedade, apoio mútuo, serão rejeitados. Não gostaria de ver meus filhos vivendo nesse lugar.

Se uma sociedade se baseia no controle da riqueza privada, ela refletirá esses valores — valores de ganância e o aumento do ganho pessoal, em detrimento dos outros. Por enquanto, uma pequena sociedade movida por esse princípio pode ser horrível, mas consegue sobreviver. Porém, uma sociedade global baseada nesses princípios caminhará para uma destruição em massa.

A SOBREVIVÊNCIA DA ESPÉCIE

Acho que temos um futuro muito sombrio pela frente. Digo isso considerando os graves problemas que enfrentamos na atualidade. Existe uma questão que não deveria ser ignorada sob hipótese alguma — a de que estamos num estágio da história em que, pela primeira vez, nos defrontamos com questões decisivas para a sobrevivência da espécie. Poderá a espécie humana continuar a existir, pelo menos de forma digna? É um problema de fato.

Em 8 de novembro de 2016, o país mais poderoso da história, que deixará a marca de sua existência no que está por vir, realizou uma eleição presidencial. O resultado do pleito pôs o controle total do governo — o Executivo, o Congresso, a Suprema Corte — nas mãos do Partido Republicano, que se tornou a mais perigosa organização da história mundial.

Com exceção da última frase, nada do que expus acima pode ser considerado controverso. A última frase pode parecer estranha, ou até ultrajante. Mas será mesmo? Os fatos indicam justamente o contrário. O partido vem se empenhando em acelerar ao máximo a destruição da vida humana. Não existe nenhum precedente histórico de uma atitude como essa.

Acha que é um exagero? Então, considere o que acabamos de testemunhar. O candidato vitorioso exige um rápido aumento do uso de combustíveis fósseis, incluindo o carvão; a aniquilação de normas reguladoras; e a recusa a ajudar países em desenvolvimento que estão tentando mudar para sistemas de produção de energia limpa; enfim, de uma forma geral, correndo para a beira do abismo a toda velocidade.

Já houve consequências diretas dessa atitude. As negociações da COP 21, Conferência do Clima para tratar de questões sobre mudanças climáticas, realizada em Paris, tinham por objetivo o estabelecimento de um tratado oficial, mas seus participantes tiveram que se contentar com promessas verbais de confirmação do acordo, pois os representantes republicanos no Congresso se recusaram a aceitar qualquer compromisso de caráter irrevogável. A COP 22, conferência subsequente realizada em Marraquexe, destinava-se a preencher lacunas e remediar deficiências com vistas a amarrar bem o acordo. Ela começou em 7 de novembro de 2016. Em 8 de novembro, dia de eleição nos EUA, a Organização Meteorológica Mundial divulgou um relatório estarrecedor sobre a situação atual da destruição do meio ambiente. Quando o resultado da eleição chegou ao conhecimento dos participantes da conferência, eles começaram a se perguntar se o processo de negociações podia continuar, já que o país mais poderoso do planeta havia retirado seus representantes do encontro e iniciara então tentativas para enfraquecê-lo. Por fim, a conferência foi encerrada — um espetáculo assombroso. O líder da defesa da condição humana foi a China! E o líder de destruição do planeta foi o "líder do Mundo Livre". Mais uma vez, é difícil descrever com exatidão um espetáculo triste como esse.

Não é menos difícil achar palavras para explicar o fato absolutamente assombroso que, apesar da ampla cobertura jornalística da extravagância eleitoreira nos Estados Unidos, esse tipo de evento sobre o clima recebe uma insignificante menção na mídia. Até eu sinto dificuldade para achar as palavras certas que elucidem esse fenômeno.

Por isso, estamos avançando, de olhos abertos, para um mundo em que nossos netos talvez não consigam sobreviver. Vamos caminhando fatalmente na direção de um desastre ambiental, e não apenas caminhando, mas *correndo* ao encontro desse destino. Com a pressão dos grandes negócios, os Estados Unidos liderando o aceleramento dessas ameaças, em grande parte por motivos institucionais. É só o leitor prestar atenção nas manchetes. Na primeira página do *New York Times*, por exemplo, vimos a chamada de uma reportagem sobre um relatório revelador sobre a redução da calota polar no Ártico. E com isso ficamos sabendo que seu derretimento chegou a um ponto muito além de tudo que fora previsto por sofisticados modelos matemáticos computacionais, lembrando que a calota polar do Ártico gera efeitos consideráveis sobre o clima como um todo.

É um problema que se agrava a cada dia, pois à medida que a calota polar derrete, há menos reflexão dos raios solares. Isso permite que uma quantidade maior de energia solar se concentre na atmosfera, criando assim um processo de gravidade crescente e imprevisível, sem nenhuma possibilidade de controle. A matéria do jornal relatou também as reações de governos e grandes empresas, que foi de entusiasmo. Agora, pensaram eles, podemos acelerar o processo, pois novas áreas já estão acessíveis a perfurações e à extração de combustíveis fósseis, e teremos condições de expandi-las ainda mais. Sábia decisão, para não dizer o contrário.

Essa deliberação é uma sentença de morte para os nossos descendentes. Legal, vamos acelerar o processo — centenas de milhões de pessoas em Bangladesh vão ser expulsas de suas casas num futuro não muito distante com a elevação do nível do mar, trazendo consequências também para todos nós. Isso demonstra uma gritante falta de preocupação com nossos netos, ou uma incapacidade flagrante para ver o que está bem diante de nossos olhos.

Existe outra grande ameaça rondando a espécie humana há mais de setenta anos: trata-se da possibilidade de uma guerra nuclear. E esse risco está aumentando. Por volta de 1955, Bertrand Russell e Albert Einstein lançaram um veemente apelo aos povos do mundo para que reconhecessem que eles têm pela frente uma escolha difícil e inevitável: eles precisam decidir-se — a humanidade inteira deve fazer isso — pela renúncia a qualquer tipo de guerra, pois, se não o fizerem, estarão optando pela autodestruição. Aliás, foram várias as vezes que chegamos muito perto da autodestruição. O *Boletim dos Cientistas Atômicos* criou o que eles chamam de "Relógio do Juízo Final". Ele foi instituído em 1947, pouco depois do emprego da bomba atômica. O relógio mede a distância que estamos da meia-noite — meia-noite no sentido de extermínio da espécie humana. Faz apenas dois anos, os ponteiros do relógio foram adiantados dois minutos e estão agora a apenas três minutos da meia-noite. A razão disso é que a ameaça de uma guerra nuclear, junto com a ameaça devastadora de uma catástrofe ambiental, está aumentando. Os criadores de políticas governamentais estão ampliando esses riscos. Enfim, é um futuro que não estamos apenas criando, mas também apressando.

As estruturas de autoridade não se justificam por si mesmas

Acho que não somos suficientemente inteligentes para projetar em todos os detalhes como seria uma sociedade perfeitamente justa e livre. No entanto, acredito que podemos propor algumas ideias e, sobretudo, nos questionar acerca da forma pela qual seríamos capazes de avançar nessa direção. John Dewey,* um dos mais destacados filósofos sociais da primeira metade do século XX, defendia a tese de que, enquanto todas as instituições — da indústria, do comércio, da imprensa — não estiverem sob o controle de um sistema de participação efetivamente democrática, não teremos uma sociedade democrática realmente funcional. Nas palavras dele: "As políticas públicas serão a sombra do mundo dos negócios projetada sobre a sociedade." Bem, isso é essencialmente verdade.

Onde existirem estruturas de poder, de autoridade, de dominação e de hierarquia — em que alguém dá as ordens e outros obedecem —, elas não se justificam por si sós. Na verdade, elas *precisam* justificar sua razão de ser. Elas precisam provar sua necessidade de existência. Olhando de perto, veremos que normalmente elas não conseguem justificar sua existência. Se não conseguem fazer isso, então temos que desmantelá-las — na tentativa de expandir os domínios da liberdade e da justiça, somente possível com o desmante-

---

* Ver *The Later Works: 1925-1953, Volume 6: 1931-1932*, John Dewey, 1985, na página 173.

lamento dessa estrutura ilegítima de autoridade. É mais uma tarefa que cabe à população organizada, engajada e dedicada: não apenas para regulá-las, mas também para questionar por que existem e para que servem. É um conceito do componente libertário do Iluminismo e do pensamento clássico liberal. É também o princípio mais importante do anarquismo, mas anarquia também é democracia. E não acho que, sob nenhum aspecto, um esteja em conflito com o outro. São apenas formas diferentes de se considerar o mesmo problema — o da tomada de decisões, nas mãos de pessoas preocupadas com grandes decisões, e o das suas consequências. Aliás, o progresso que tivemos ao longo dos anos — ou pelo menos aquilo que todos nós, com um sentimento de gratidão, nos convencemos de que foi progresso — veio justamente assim.

Mudanças

Com um grau de envolvimento considerável, eu também dediquei grande parte de minha vida à militância política, embora isso não seja muito divulgado. Mesmo porque, eu não sou muito bom nessas coisas... Não sou um grande organizador. Em todo caso, o motivo pelo qual as coisas mudam é porque muitas pessoas se mobilizam. Elas vivem militando em suas comunidades, em seus locais de trabalho, em todo tipo de lugar — e estão construindo as bases para a realização de movimentos populares que provocarão mudanças. Foi assim que as coisas sempre aconteceram na história.

Consideremos, por exemplo, a liberdade de expressão, uma das mais importantes conquistas da sociedade americana. Somos os primeiros do mundo neste particular. Ainda que não seja verdadeiramente garantida pelos Direitos Fundamentais do Cidadão, na Constituição. Questões relacionadas com a liberdade de expressão começaram a ser levadas à apreciação da Suprema Corte no início do século XX. As maiores contribuições vieram na década de 1960.* Uma das mais importantes foi um caso do movimento pelos direitos civis.** Tínhamos então um grande movimento popular, cujos integrantes vinham exigindo direitos, jamais desistindo de lutar por seus objetivos.*** Naquela conjuntura, a Suprema Corte impôs normas rígidas à liberdade de expressão. Vejamos outro exemplo, o do direito das mulheres. Elas começaram identificando estruturas opressoras, recusando a aceitá-las e aglomerando outras pessoas a elas. É assim que se conquistam direitos.

Não existe um remédio genérico. Existem remédios específicos para casos específicos, já que a cura para todos os males não existe — pelo menos não que eu saiba. Os ativistas foram as pessoas que conquistaram ou ajudaram a instituir os direitos que desfrutamos hoje. Eles não vêm influenciando políticas públicas exclusivamente com base em informações que recebem, eles vêm também contribuindo para a sua compreensão. É um processo recíproco. Tenta-se fazer certas coisas. E aprende-se com isso. Aprende-se como o mundo funciona e dessa forma realimenta-se a percepção sobre a melhor maneira de seguir em frente.

A melhor forma de aprender é interagindo, e isso se aplica até nas ciências avançadas. Basta visitar um laboratório de pesquisas científicas para ver pessoas conversando, trocando ideias. Elas vivem questionando umas às outras, lançando desafios, suscitando reações nos colegas, nos alunos e por aí vai. Se você é uma pessoa que vive isolada, talvez possa até ser um gênio capaz de descobrir e equacionar certas coisas sozinho, mas gênios são casos raros. De

---

* Ver *O Caso Judicial Brandeburg* versus *Ohio*, Suprema Corte dos Estados Unidos, 9 de junho de 1969, na página 174.

** Ver *O Caso Judicial Edwards* versus *Carolina do Sul*, Suprema Corte dos Estados Unidos, 25 de fevereiro de 1963, na página 175.

*** Ver *O Caso Judicial Times* versus *Sullivan*, Suprema Corte dos Estados Unidos, 9 de março de 1964, na página 176.

forma geral, não se avança quando não há recursos necessários, o devido apoio, ou ainda o incentivo para tentar descobrir quem você é, o que está acontecendo no mundo, onde você deveria buscar informações, saber como agir e assim por diante.

Assim, em sociedades com organizações realmente funcionais e de peso considerável, tais como sindicatos de trabalhadores — os sindicatos foram forças educacionais, e não apenas instrumentos de luta, ou seja, foram um local onde a educação dos trabalhadores era um fenômeno relevante —, você sabe o que fazer. Nelas, as pessoas podem incentivar-se umas às outras. Conseguem manter-se informadas. Podem questionar mutuamente seus pontos de vista e aperfeiçoá-los, entre outras coisas mais. Desse modo, as pessoas conseguem vencer as instituições da elite ao aprender aquilo que elas não querem que se aprenda. Como sempre, é uma luta constante contra os poderosos.

Durante a Primavera Árabe, nos primeiros dias dos protestos na Praça Tahrir, as pressões do governo foram bastante significativas. Grande parte da mobilização foi realizada pelas redes sociais, e o presidente Mubarak tomou a decisão de tirar a Internet do ar. Qual foi o efeito dessa medida? A militância *aumentou*, pois as pessoas focaram no que realmente importa, isto é, o contato cara-a-cara entre elas. Começaram, portanto, a *falar* umas com as outras. Aliás, temos muitas evidências de que essas relações concretas — o ato de se organizar com outras pessoas diretamente, conversar com elas no mundo real, escutá-las, e assim por diante — gera resultados importantes. Sem dúvida, as redes sociais são úteis, mas não é a mesma coisa que participar de um debate com outras pessoas diretamente. Afinal de contas, somos seres humanos, e não robôs. Não podemos nos esquecer disso.

Portanto, vamos agora à seguinte questão: "O que podemos fazer?" Quase tudo que quisermos fazer. A verdade é que, em comparação com sociedades semelhantes, a nossa é uma sociedade com um alto nível de liberdade. Isso não foi um presente dos céus. A liberdade que conquistamos foi conquistada com lutas populares árduas, dolorosas, corajosas, e existe de fato. Herdamos esse legado — um legado que nos foi deixado pelas lutas de outras pessoas. Nesta sociedade, existem enormes oportunidades — visto que ainda é a sociedade mais livre do mundo, em muitos aspectos. O governo tem uma capacidade muito limitada de nos coagir. As grandes corporações podem até tentar nos coagir a fazer o que elas querem, mas não têm os mecanismos para tanto. Podemos muito se as pessoas se organizarem — podemos lutar por nossos direitos tal como fizeram nossos antepassados, e conseguir muitas vitórias.

Acho que podemos ver muito claramente alguns defeitos e falhas graves de nossa sociedade, em nosso nível de cultura, em nossas instituições — os quais terão de ser corrigidos com uma atuação fora da estrutura e do contexto comumente aceitos. Acredito que precisamos descobrir novas formas de atuação política. Temos uma mudança em andamento, principalmente entre os jovens, mas é geralmente neles mesmos que as mudanças começam. E para onde essa mudança nos levará? Isso depende muito de você. Ela nos levará para onde pessoas como você a direcionarem.

Trata-se de um tipo de atuação que o falecido Howard Zinn, meu grande amigo durante anos, observou com as seguintes palavras: "O que importa mesmo são as pequenas e incontáveis ações de pessoas desconhecidas, que assentam as bases para o advento de importantes acontecimentos que entram para a História."* São elas que fizeram as coisas acontecerem no passado. São elas que as farão acontecer no futuro.

---

* Ver *Você não Pode Ser Neutro num Trem em Movimento: Uma História Pessoal dos Nossos Tempos*, Howard Zinn, 1994, na página 177.

"TESTANDO TEORIAS DA POLÍTICA AMERICANA", 2014, E OUTRAS FONTES

**"Testando Teorias da Política Americana:
Elites, Grupos de Interesse e Cidadãos Comuns",
Martin Gilens e Benjamin I. Page, 2014**

Uma grande parcela das pesquisas de campo atesta a influência em políticas públicas por parte de um ou outro conjunto de agentes sociais, mas, até pouco tempo atrás, não era possível testar essas conflitantes previsões teóricas, num cotejamento recíproco, dentro de um único modelo estatístico. Apresentamos um relatório sobre uma iniciativa para se fazer isso, usando um conjunto de dados que inclui medidas das principais variáveis de 1.779 questões sobre propostas de políticas públicas.

Resultados da aplicação de uma técnica de análise multivariada indicam que elites econômicas e grupos organizados que representam interesses comerciais exercem, de forma independente, considerável influência em políticas governamentais americanas, enquanto cidadãos comuns e grupos da sociedade civil defensores de interesses coletivos têm pouca ou nenhuma influência autônoma sobre essas políticas. Esses resultados representam uma confirmação substancial de teorias de dominação das elites econômicas e de teorias sobre pluralismo enviesado, mas não de teorias sobre democracia representativa majoritária ou pluralismo majoritário [...].

Uma observação final: mesmo num sentido descritivo bidimensional, nossas evidências indicam que a resposta do sistema político americano em situações nas quais o público em geral anseia pela *tomada de medidas* por parte do governo é extremamente limitada. Em razão dos impedimentos para o governo da maioria da população, deliberadamente incluídos no sistema político americano — federalismo, separação de poderes, bicameralismo —, combinados com outros entraves resultantes de normas e procedimentos vigentes no funcionamento do Congresso, o sistema tem um viés cognitivo de status quo considerável. Assim, quando maiorias populares são a favor do status quo, opondo-se à mudança de certa política pública, elas quase sempre prevalecem sobre a vontade do restante da população. No entanto, quando uma parcela majoritária da população — ainda que uma parcela muito grande — é a favor de mudanças, é pouco provável que consiga o que deseja. Em nosso estudo de 1.779 casos de programas de políticas públicas, vimos que parcelas majoritárias do povo relativamente pequenas favoráveis a mudanças conseguiram as almejadas modificações em políticas públicas em apenas trinta por cento dos casos. Porém, o mais impressionante é que grandes parcelas majoritárias, com oitenta por cento de seus integrantes a favor de modificações em políticas públicas, conseguiram essas mudanças em cerca de apenas 43 por cento dos casos.

De qualquer forma, ferrenhos defensores de um governo democrático legitimamente representativo da vontade das massas talvez não se entusiasmem com um mero símile de democracia, um governo de conciliação, no qual cidadãos comuns consigam a realização de seus anseios somente quando estiverem de acordo com os objetivos das elites ou de grupos de interesses que sejam os que mandam e desmandam. Afinal, na hora decisiva, o que vale mesmo é o poder de influência.

The Later Works: 1925-1953, Volume 6: 1931-1932,
John Dewey, 1985

Ousei citar declarações esporadicamente, embora com minúcias consideráveis, porque é típica a situação atual em Washington. A situação ali reflete com precisão a situação política em todo o país. Aquela não tem nada a ver com as realidades da vida americana porque a última não apresenta nenhuma correlação com outros fatores. É uma situação que explica a insatisfação e a indignação do povo para com os velhos partidos e constitui uma oportunidade para um novo partido. Faz tempo que as pessoas vêm afirmando que a política não tem importância nenhuma, que o governo é simplesmente um lixo e mero fator de intromissão; que os capitães da indústria e das finanças é que são os sábios, os líderes a cujas mãos as fortunas do país estão seguramente confiadas.

As pessoas que vivem reiterando essas coisas se esquecem, ou tentam esconder do público, de que a confusão, as complicações, o caráter fútil, a irrelevância da política em Washington é um mero reflexo da falência dos "líderes" do setor industrial, do mesmo modo que a política, de uma forma geral, espelha, exceto quando ela funciona como cúmplice, os interesses dos grandes negócios. Sem dúvida, portanto, os impasses e a impotência do Congresso são o espelho da manifesta incapacidade dos capitães da indústria e do setor financeiro de conduzir prosperamente os negócios do país, como consequência natural do processo de tratarem de puxar a brasa para a própria sardinha. Seria ridículo, quando não trágico, acreditar que um apelo aos agentes de atividades não regulamentadas que nos fizeram cair na crise atual bastará para que nos tirem dela, a menos que sejam poupados do pesadelo de terem que enfrentar as consequências de uma reação política. O expediente mágico de a pessoa ingerir pelos do cão que a mordeu, com vistas a tentar curar-se de hidrofobia não é nada se comparado com o feitiço que leva à crença de que os poderosos e privilegiados remediarão o descalabro que eles mesmos criaram. Enquanto a política for apenas a sombra dos interesses dos grandes negócios projetada na sociedade, uma simples rarefação atenuante de sua trevosa densidade não mudará a essência do corpo político. O único remédio para esse mal é uma nova reação política com base nos anseios da população e nas realidades sociais.

O Caso Judicial *Brandeburg* versus *Ohio*, Suprema Corte dos Estados Unidos, 9 de junho de 1969

O recorrente, um líder da Ku Klux Klan, foi condenado de acordo com os dispositivos da Lei Penal de Antiassociação Criminosa de Ohio por "apologia [...] a princípios encarecendo o dever de adesão à prática de atos criminosos, bem como a necessidade ou correção da perpetração de crimes, de se realizar atos de sabotagem, violência ou de se recorrer a técnicas de terrorismo para a promoção de reformas no setor da indústria ou da política" e por "afiliação voluntária a qualquer organização, grupo ou assembleia de pessoas formados para ensinar ou apregoar doutrinas de associação para o crime".

Nem o instrumento da denúncia nem o veredicto do juiz apresentaram uma definição detalhada da lei acerca da natureza do crime no caso de mera apologia, com uma distinção formal de incitamento à prática imediata de ato criminoso.

Decidido: Visto que a lei, de acordo com suas disposições e conforme aplicado, objetiva punir a mera apologia e proibir, sob pena de ter de arcar o infrator com penalidades criminais, a associação com outras pessoas simplesmente para defender a prática do tipo de ato aqui discriminado, ela se enquadra no previsto pela Primeira e Décima Quarta Emendas. O princípio do direito à liberdade de expressão de imprensa não autoriza um estado a proibir a apologia ao uso da força ou à violação de uma lei, exceto nos casos em que tal apologia vise incitar ou provocar a prática imediata de ato ilegal e apresente probabilidade real de incitar ou provocar um ato dessa natureza. *Whitney v. California*, 274 U. S. 357, indeferido.

O Caso Judicial Edwards versus *Carolina do Sul*, Suprema Corte dos Estados Unidos, 25 de fevereiro de 1963

[Uma] das funções da liberdade de expressão em nosso sistema de governo é incentivar o debate. Certamente, ela pode cumprir melhor seu elevado objetivo quando provoca questionamentos ou manifestações de protesto, cria insatisfação para com as condições reinantes ou até leva as pessoas a se indignar. Na maioria das vezes, a liberdade de expressão é provocadora e contestadora mesmo. Afinal, ela combate preconceitos e ideias preconcebidas e provoca fortes inquietações quando funciona como fator de pressão da aceitação de ideias. É por isso que a liberdade de expressão [...] é [...] protegida contra atos de censura ou retaliações, a menos que se evidencie algo claramente capaz de causar algum perigo iminente ou um malefício consideravelmente grave, cuja nocividade esteja muito acima da capacidade do povo de suportar inconvenientes, aborrecimentos, distúrbios ou conflitos populares [...]. Não há lugar em nossa Constituição para uma visão mais restritiva. A alternativa levaria à padronização cristalizadora de ideias nas assembleias legislativas, nos tribunais ou entre grupos políticos ou regionais dominantes.

O Caso Judicial Times versus *Sullivan*,
Suprema Corte dos Estados Unidos, 9 de março de 1964

O reclamado, um político eleito por Montgomery, Alabama, ajuizou uma ação num tribunal estadual alegando que havia sido difamado num anúncio do jornal comercial do recorrente, cujo texto difamador aparecia acima dos nomes das quatro pessoas físicas reclamantes e de muitas outras. O anúncio continha declarações, algumas das quais eram falsas, sobre uma operação da polícia supostamente dirigida a estudantes que participavam de uma manifestação de protesto em prol dos direitos civis e contra um líder do movimento pelos direitos civis; o reclamado alegou que as declarações se referiam a ele porque seus deveres incluíam a supervisão da corporação policial do estado. O juiz instruiu o júri explicando que declarações como essas eram "difamantes por si mesmas", em que os danos legais foram apenas presumidos; sem provas, portanto, de lesões reais, mas que, para fins de indenização compensatória, ficava presumido um ato de malícia, de forma que a obrigação de indenização coubesse aos reclamantes se ficasse provado que as declarações foram publicadas por eles e que elas dissessem respeito ao reclamado. Quanto à indenização punitiva, o juiz sentenciou que um ato de simples negligência não era prova de malícia concreta e que, portanto, isso não justificaria a outorga de indenização punitiva; ele se absteve de instruí-lo acerca da questão de que a real intenção de lesar ou de um possível ato de imprudência tinham de ser devidamente apurados antes que se pudesse conceder indenização punitiva, ou sobre a questão de que, no veredicto em favor do reclamado, deveria levar-se em conta a distinção entre indenização compensatória e indenização punitiva. O júri decidiu-se em favor do reclamado, decisão confirmada pela Suprema Corte do Estado.

Decidido: um estado não pode, de acordo com os dispositivos da Primeira e Décima Quarta Emendas, outorgar o pagamento de indenização a uma autoridade pública por falsidade difamatória referente à sua conduta oficial, a menos que ela prove a existência de "malícia real" — que as declarações foram feitas com pleno conhecimento de sua falsidade ou total descaso para com a hipótese de que fossem verdadeiras ou não.

Você não Pode Ser Neutro num Trem em Movimento: Uma História Pessoal dos Nossos Tempos, Howard Zinn, 1994

A maior parte da história dos movimentos sociais se restringe aos grandes acontecimentos, a momentos decisivos da sociedade americana. Assim, na maioria dos casos, quando se faz um estudo sobre a história do movimento pelos direitos civis, o pesquisador se vê às voltas com o levantamento de informações sobre uma decisão da Suprema Corte no caso Brown, do boicote às empresas de ônibus em Montgomery, às greves de paralisação, aos pacíficos protestos de ocupação, ao episódio dos Passageiros da Liberdade, às manifestações de protesto em Birmingham, à Marcha sobre Washington, à Lei dos Direitos Civis de 1964, à Marcha de Selma a Montgomery, à Lei do Direito de Voto de 1965.

Porém, não figuram nessas histórias as inúmeras pequenas ações de pessoas desconhecidas que contribuíram para o advento desses grandes acontecimentos. Quando entendemos isso, conseguimos ver que os menores atos de protestos dos quais participamos podem tornar-se as raízes invisíveis da florescência de mudanças sociais.

NOTAS DAS PRINCIPAIS FONTES DE INFORMAÇÃO

PRINCÍPIO #1: RESTRINGIR A DEMOCRACIA

YATES, Robert; LANSING, John. *Secret Proceedings and Debates of the Convention Assembled at Philadelphia, in the Year 1787*. Cincinnati: A. Mygatt, 1844. Disponível em: <https://archive.org/details/secretproceedin00convgoog>.

JEFFERSON, Thomas. [*Carta*] 8 jan. 1825, Monticello [para] SHORT, William. Disponível em: <http://founders.archives.gov/documents/Jefferson/98-01-02-4848>.

MARTIN, Thomas R.; SMITH, Neel; STUART, Jennifer F. Democracy in the Politics of Aristotle. In: BLACKWELL, C.W.; MAHONEY, Anne; SCAIFE, Ross. *Demos: Classical Athenian Democracy*. Disponível em: <http://www.stoa.org/projects/demos/article_aristotle_democracy?page=8&greekEncoding>. Acesso em: 16 nov. 2016.

STALLEY, R.F. Stalley. *Aristotle. Politics*. Tradução de Sir Ernest Barker. Oxford: Oxford University Press, 2009.

98 E.R. 499 (K.B.) Somerset contra Stewart, 1772.

ALEXANDER Street. Malcolm X: 'Democracy is Hypocrisy' speech. Disponível em: <http://search.alexanderstreet.com/preview/work/2787244>. Acesso em: 15 nov. 2016.

WASHINGTON, James M. (Ed.) *A Testament of Hope:* The Essential Writings and Speeches of Martin Luther King, Jr. São Francisco, EUA: Harper & Row, 1986. Copyright © 1986 by Coretta Scott King, executora do patrimônio de Martin Luther King, Jr. Reproduzido mediante acordo com The Heirs to the Estate of Martin Luther King, Jr., c/o Writers House como agente, Nova York, NY.

GAYLORD, Nelson. Speeches and other documents on Earth Day. 1970. In: *Wisconsin Historical Society*. Disponível em: <http://www.wisconsinhistory.org/turningpoints/search.asp?id=1671>.

PRINCÍPIO #2: MOLDAR A IDEOLOGIA

POWELL, Lewis Franklin, Jr. *Confidential Memorandum:* Attack on American Free Enterprise System (Powell Memorandum). Washington, D. C.: 1971. Disponível em: <http://reclaimdemocracy.org/powell_memo_lewis/>.

CROZIER, Michel J.; HUNTINGTON, Samuel P.; WATANUKI, Joji. *The Crisis of Democracy:* Report on the Governability of Democracies to the Trilateral Commission. Nova York: New York University Press, 1975.

SCHWARZ, Alan. *Attention Disorder or Not, Pills to Help in School. The New York Times,* Nova York, 9 out. 2012. The New York Times. Todos os direitos reservados. Reproduzido mediante autorização e protegido pelas Leis de Direitos Autorais dos Estados Unidos. A impressão, cópia, redistribuição ou retransmissão deste conteúdo sem autorização expressa por escrito é proibida.

PRINCÍPIO #3: REESTRUTURAR A ECONOMIA

LAHART, Justin. An End to the Focus on Short Term Urged. *The Wall Street Journal,* Nova York, 9 set. 2009. Disponível em: <http://www.wsj.com/articles/SB125244043531193463>. Copyright © 2009, Dow Jones & Company. Reproduzido mediante autorização.

SMITH, Adam. *An Inquiry into the Nature and Causes of the Wealth of Nations.* Londres: W. Strahan e T. Cadell, 1776. Disponível em: <http://www.ifaarchive.com/pdf/smith_an_inquiry_into_the_nature_and_causes_of_the_wealth_of_nations%5B1%5D.pdf>.

BANK for International Settlements. *Mr. Greenspan Presents the Views of the Federal Reserve in Its Semi-annual Report on Monetary Policy, February 26, 1997.* Disponível em: <http://www.bis.org/review/r970305b.pdf>. Acesso em: 10 nov. 2016.

PRINCÍPIO #4: TRANSFERIR O FARDO

NILSSON, Jeff. Why Did Henry Ford Double His Minimum Wage? *The Saturday Evening Post,* jan. 2014. Disponível em: <http://www.saturdayeveningpost.com/2014/01/03/history/post-perspective/ford-doubles-minimum-wage.html>.

TERRELL, Ellen. When a Quote Is Not (Exactly) a Quote: General Motors. *Inside Adams (blog),* Biblioteca do Congresso, 22 abr. 2016. Disponível em:

<https://blogs.loc.gov/inside_adams/2016/04/when-aquote-is-not-exactly-a-quote-general-motors/>.

CITIGROUP. *Plutonomy:* Buying Luxury, Explaining Global Imbalances. Nova York: 2005. Disponível em: <https://docs.google.com/fle/d/0B-5-JeCa-2Z7hNWQyN2I1YjYtZTJjNy00ZWU3LWEwNDEtMGVhZDVjNzEwZDZm/edit?hl=en_US>.

STANDARD & Poor's. *Economic Research:* How Increasing Income Inequality Is Dampening U.S. Economic Growth, and Possible Ways to Change the Tide. Nova York: 2014. Disponível em: <http://www.ncsl.org/Portals/1/Documents/forum/Forum_2014/Income_Inequality.pdf>. Copyright © 2014 Standard & Poor's Financial Services LLC. Reproduzido mediante autorização.

PRINCÍPIO #5: ATACAR A SOLIDARIEDADE

SMITH, Adam. *The Theory of Moral Sentiments*. Londres: A. Millar, 1759. Disponível em: <http://www.econlib.org/library/Smith/smMS1.html>.

Social Security Act of 1935, Pub. L. No. 74-271, 49 Stat. 620 (1935).

Servicemen's Readjustment Act of 1944, Pub. L. No. 78-346, 58 Stat. 284 (1944).

PRINCÍPIO #6: CONTROLAR OS REGULADORES

HACKER, Jacob S.; LOEWENTHEIL, Nate. *Prosperity Economics:* Building an Economy for All. Creative Commons, 2012. Disponível em: <http://isps.yale.edu/sites/default/files/publication/2013/01/2012-prosperity-for-all.pdf>. Acesso em: 9 nov. 2016. Reproduzido (Creative Commons, 2012).

DRUTMAN, Lee. How Corporate Lobbyists Conquered American Democracy. *New America Weekly*, New America, 20 abr. 2015. Disponível em: <http://www.newamerica.org/political-reform/articles/how-corporate-lobbyists-conquered-american-democracy/>. Reproduzido mediante cortesia da New America Weekly, New America.

RUIGROK, Winfried; VAN TULDER, Rob. *The Logic of International Restructuring:* The Management of Dependencies in Rival Industrial Complexes. Abingdon, Reino Unido: Routledge, 1995. Copyright © 1995 Winfried Rugirok e Rob van Tulder. Reproduzido mediante autorização.

SMITH, Adam. *An Inquiry into the Nature and Causes of the Wealth of Nations*. Londres: W. Strahan and T. Cadell, 1776. Disponível: <http://www.ifaarchive.com/pdf/smith_-_an_inquiry_into_the_nature_and_causes_of_the_wealth_of_nations%5B1%5D.pdf.>

IRELAN, John Robert. *The Republic, Or, A History of the United States of America in the Administrations:* From the Monarchic Colonial Days to the Present Times. Chicago: Fairbanks and Palmer Publishing Company, 1888. V. 10.

PRINCÍPIO #7: CONTROLAR ELEIÇÕES

558 U.S. 310 (2010) Citizens United v. Federal Election Commission, 1976. Buckley v. Valeo, 424 U.S. 1 (1976).

FERGUSON, Thomas; JORGENSEN, Paul; CHEN, Jie. Revealed: Why the Pundits Are Wrong About Big Money and the 2012 Elections. *AlterNet*, 20 dez. 2012. Disponível em: <http://www.alternet.org/news-amp-politics/revealed-why-pundits-are-wrongabout-big-money-and-2012-elections>. Reproduzido mediante autorização da AlterNet.

PRINCÍPIO #8: MANTER A RALÉ NA LINHA

FORD Men Beat and Rout Lewis Union Organizers; 80,000 Out in Steel Strike; 16 Hurt in Battle. *The New York Times*, 26 maio 1937. Disponível em: <http://query.nytimes.com/mem/archive-free/pdf?res=9A02E2DF1E3AE23ABC4F51DFB366838C629EDE>.

TRUMAN, Harry S. Discurso em Louisville, Kentucky, em 30 de setembro de 1948. In: *Public Papers of the Presidents of the United States: Harry S. Truman, 1948*. Citação online via Gerhard Peters e John T. Wooley, American Presidency Project. Disponível em: <http://www.presidency.ucsb.edu/ws/?pid=13029>.

DOUGLAS Fraser's Resignation Letter from the Labor-Management Group. *History is a Weapon*. Disponível em: <http://www.historyisaweapon.com/defcon1/fraserresign.html>. Acesso em: 9 nov. 2016.

HEDGES, Chris. Power Concedes Nothing Without a Demand. *Truthdig*, 14 mar. 2011. Disponível em: <http://www.truthdig.com/report/item/power_concedes_nothing_without_a_demand_20110314>.

PRINCÍPIO #9: FABRICAR O CONSENSO

HUME, David. *Essays, Moral, Political, Literary*. Londres: Kincaid, 1741. Disponível em: <http://www.econlib.org/library/LFBooks/Hume/hmMPL4.html>.

BERNAYS, Edward. *Propaganda*. Nova York: H. Liveright, 1928.

AMOS, Amanda; MARGARETHA Haglund. "From Social Taboo to 'Torch of Freedom': The Marketing of Cigarettes to Women." *Tobacco Control*, Ed. 9, n. 1, p. 3-8, 2000.

SCHLOSSER, Eric. *Fast Food Nation:* The Dark Side of the All-American Meal. Nova York: Houghton Mifin, 2001. Copyright © 2001 by Eric Schlosser. Reproduzido mediante autorização da Houghton Mifflin Harcourt Publishing Company. Todos os direitos reservados.

LICHTENSTEIN, Alex. *Twice the Work of Free Labor:* The Political Economy of Convict Labor in the New South. Nova York: Verso, 1996. Copyright © Alex Lichtenstein 1996. Reproduzido mediante autorização.

CREAMER, Matthew. "Obama Wins!... Ad Age's Marketer of the Year." *Advertising Age*, 17 out. 2008. Disponível: <http://adage.com/article/moy-2008/obama-wins-ad-age-s-marketeryear/131810/>.

PRINCÍPIO #10: MARGINALIZAR A POPULAÇÃO

GILENS, Martin; PAGE, Benjamin I. Testing Theories of American Politics: Elites, Interest Groups, and Average Citizens. *Perspectives on Politics* 12, n. 3, p. 564-581, 2014. Copyright © American Political Science Association 2014. Reproduzido mediante autorização.

DEWEY, John. *The Later Works of John Dewey, 1925–1953*. Carbondale, Illinois: Southern Illinois University Press, 1985. v 6: 1931-1932. Copyright © 1985, 2008 by the Board of Trustees, Southern Illinois University. Reproduzido mediante cortesia da Southern Illinois University Press.

372 U.S. 229, Edwards v. South Carolina, 1963.

395 U.S. 444, Brandenburg v. Ohio, 1969.

376 U.S. 254, New York Times Co. v. Sullivan, 1964.

ZINN, Howard. *You Can't Be Neutral on a Moving Train:* A Personal History of Our Times. Boston: Beacon Press, 1994. Copyright © 1994, 2002 by Howard Zinn. Reproduzido mediante autorização.

ÍNDICE REMISSIVO

1 por cento 10, 11, 121, 158 *Veja também* concentração de riqueza e poder

15 de abril. *Veja* impostos

"Anos Conturbados" 22

Acordo de Livre Comércio da América do Norte (NAFTA). *Veja* NAFTA

Adderall 46

Advertising Age 148, 156

Affordable Care Act. *Veja* Programa de Assistência Médica Acessível (ACA)

AFL-CIO. *Veja* Confederação das Organizações Sindicais da Indústria (EUA)

afro-americanos 28-9, 44, 65, 73

Agência de Defesa do Consumidor (CPSC, na sigla em inglês) 96

Agência de Proteção Ambiental (EPA, na sigla em inglês) 96

Agência de Segurança do Trabalho (OSHA, na sigla em inglês) 96

Agência Reguladora de Preços (OPA, na sigla em inglês) 136

Alemanha 90

Alger, Horatio 9

AlterNet, 115 121

América do Norte 34

América Latina 69

América. *Veja* Estados Unidos da América

American Business and Public Policy 109

American Tobacco 153

americanos descendentes de mexicanos 44

Amos, Amanda 143, 153

anarquismo 166

Anderson, Michael 46

Anos Dourados 65, 83

Apple 53

aprendizagem 46, 92

aristocracia 25, 139

Aristóteles 19, 20, 27-8

arquitetura 35

Ártico 163

Associação America de Sociologia 129

Associação Nacional dos Anunciantes 92, 156

Atas e Debates Secretos da Convenção Realizada na Filadélfia, no Ano de 1847 16, 25

Atenas, Grécia 19

ativismo 22, 124, 126, 158

Atlanta, Geórgia 46

Baltimore, Maryland 10

Banco Mundial 50, 103

Bangladesh, Índia 164

bem-estar social 19, 65, 73, 91, 95

Berkeley, Universidade de Califórnia 36

Berkshire Hathaway 61

Berlusconi, Silvio 37

Bernays, Edward 142-3, 152

Bill of Rights. *Veja* Direitos Fundamentais do Cidadão (EUA)

Birminghamn, Alabama, EUA 177

Bogle, John 61

Boletim dos Cientistas Atômicos 104

Bolsa de Valores de Nova York 62

Boston, Massachusetts EUA, 60

Brandennburg v. Ohio, o caso judicial 167, 174

Brasil 38, 69

Bretton Woods, Sistema de 50

Brown v. Board of Education, o caso judicial 177

Buckley v. Valeo, o caso judicial 115, 120

Buffett, Warren 61

Bush, George W. 98, 128

Câmara de Comércio (EUA) 33

Câmara dos Representantes 16

Camboja 35

Canadá 67, 76

Canton, Geórgia, EUA 46

capitalismo, 126, *Veja também* economia de livre mercado

Caribe 70
Carter, Jimmy 34, 128, 136
Casa Branca 96
Causa Comum (movimento) 44
Cazaquistão 60
CBS (emissora de televisão) 115
CDOs. *Veja* débitos garantidos por caução real (CDOs)
Centro Nacional de Estatísticas em Educação (EUA) 84
charter schools. *Veja* escolas independentes
Chien, Jie 115, 121
Cherokee, condado de, Geórgia, EUA 46
Chesterfield 143
chicanos. *Veja* descendentes de mexicanos
China 53-4, 57, 68, 88, 132, 163
CIO. *Veja* Confederação das Organizações Sindicais da Indústria (EUA)
Citigroup 66, 68-9, 75, 94-5
Citizens United v. Comissão Eleitoral Federal, o caso judicial 113, 115-6, 119
civilização grega 18
civilização romana 17, 151
classes 18, 26, 28, 45, 124, 133, 155
 altas 26, 33, 51, 53, 66, 95, 126, 130, 158
 conflito de 15, 128, 131, 137
 e mobilidade social 10, 11, 55, 79, 132
 médias 10, 11, 107, 133
 trabalhadoras 54, 128, 130, 159
Clinton, Bill 94, 97
Clinton, Hillary 117
Comissão de Economia do Senado sobre Questões Bancárias, Habitacionais e Urbanas 56, 64
Comissão do Senado sobre Assuntos das Forças Armadas 67, 77
Comissão Eleitoral Federal (FEC, na sigla em inglês) 113, 119
Comissão Trilateral 34-5, 39, 43
Comitê Consultivo sobre Questões Trabalhistas (EUA) 128, 137
Committee for Industrial Organization. *Veja* Confederação das Organizações Sindicais da Indústria (EUA)
"Como Lobistas das Grandes Empresas Passaram a Controlar a Democracia Americana" 95, 108
comunicação social 42, 119, 120

e crianças 144-5, 146
eleições e, 120, 156
engenharia do consentimento e 142
fabricando consumidores 142, 154-5
concentração de riqueza e poder 13, 54, 57, 71, 77, 113
Confederação das Organizações Sindicais da Indústria (EUA) 124, 135
Conferências do Clima (COP21 e COP22) 162-3
Congresso (EUA) 43, 56, 72, 92, 109, 117, 162, 172-3
 "Congresso Ecológico" e, 31
 índice de aprovação popular do 158, 160
Constituição Americana 15, 21, 175
 Décima Quarta Emenda da 113-4, 175, 177
 Primeira Emenda da 113, 120, 166, 175, 177
 Quinta Emenda da 113
Consumer Reports (revista) 145
consumo 57, 66, 69, 71, 75-6, 79
 crianças e 57, 146, 154-5
 e fabricação de consumidores 142, 146, 154-5
 produtos da moda e, 143-4
Continental Illinois 96
Convenção Constituinte (EUA) 16
Coreia do Sul 53
corporações 51-2, 169 *Veja também* capitalismo; economia de livre mercado; privatização;
 a propaganda político-ideológica das, 71, 73, 119, 120, 147, 160, 171, 174
 da indústria farmacêutica 86
 e eleições, 115-6, 121 *Veja também* eleições, financiamento de campanhas e;
 lobismo e impostos, 72, 108 *Veja também* impostos, instituições financeiras. *Veja* sistema financeiro;
 interesses das, 14, 58, 66, 78, 90, 94, 107, 125, 147-8, 157, 172-3
 lobismo das, 95, 107-8, 109
 multinacionais 14, 75
 o poder das, 13, 15, 19, 33-4, 42, 58, 71, 76, 97-8, 99, 102, 107, 113, 115, 128, 131, 158
 os lucros das, 49, 51-2, 53-4, 57-8,

61, 66, 71, 76, 108
personalidade jurídica das, 114 *Veja também* liberdade de expressão; regulamentação das atividades das, 50, 93-4, 96-7, 101, 114, 118
socorro financeiro de, 71, 98-9, 102, 110
corporações multinacionais. *Veja* empresas multinacionais
Corrida para o Topo 36
CPSC. *Veja* Agência de Defesa do Consumidor (CPSC)
Creamer, Matthew 148, 156
crise do setor imobiliário 98, 101

De Tabu Social a 'Chama da Liberdade': A Propaganda para a Venda de Cigarros a Mulheres 143, 153
Dearborn, Michigan, EUA 135
débitos garantidos por caução real (CDOs) 101
deficit 36, 87-8, 89, 90
deficit de atenção com hiperatividade 46
"Deficit de Atenção ou Não..." 37, 46
democracia 13, 20-1, 27, 43-4, 89, 108, 115, 117, 138, 142, 147, 161, 166, 171-2
  excesso de 34-5, 39, 45, 124
  jeffersoniana 18
  madisoniana 17, 19, 147
  Regra de Ouro na 121
  restringir o direito de participação política na 15, 19, 29, 143, 152
Democracia é Hipocrisia 22, 29
Departamento do Tesouro (EUA) 70, 102
Depressão. *Veja* Grande Depressão, a
desemprego 9, 55, 88, 92, 126
desigualdade 10, 18-9, 20, 43, 54, 62, 69, 71, 76, 78, 129, 133 *Veja também* distribuição de riqueza
Dewey, John 165, 173
Dia da Terra 30, 31
direitos civis 124, 138, 167, 176-7
Direitos Civis, Lei dos 177
direitos das minorias 22, 43
direitos das mulheres 22, 43
Direitos Fundamentais do Cidadão (EUA) 166
Disney, Walt 154
distribuição de riqueza 10 *Veja também* desigualdade

dívidas 56, 71, 146
  de estudantes universitários 36, 84
Dobro do Trabalho Feito pelo Trabalhador Livre, o 147, 155
Dodd-Frank, Lei 58, 99
Donald, David 45
Drutman, Lee 95, 108

economia. *Veja* capitalismo; sistema financeiro; financeirização da economia
Economia da Prosperidade 93, 107
economia de livre mercado 78, 100, 102, 104-5
educação 11, 57, 65, 72, 90, 153, 168
  e doutrinação 35, 37
  inflação das mensalidades 36, 83-4
Edwards v. South Carolina, o caso judicial 167, 175
Egito 104, 151
Einstein, Albert 164
Eisenhower, Dwight 73
El Salvador 38
eleições nos EUA 25, 113, 115-6, 121
  e "Um Apelo para o Fim da Ênfase na Obtenção de Lucros a Curto Prazo" 52, 61
  financiamento de campanhas e, 113
empresas multinacionais 14, 53, 138
ENI 110
Ensaios Morais, Políticos e Literários 141, 151
"ensino só do essencial" 36
Era de Ouro 10, 75, 109
escolas independentes 37
escravidão 20, 21, 22, 28, 130-1, 147, 155 *Veja também* trabalho, salário escravizante
Espanha 75
Estado paternalista 94, 97, 100
Estados do Sul (Guerra Civil Americana) 130, 147, 155
Estados Unidos da América 13-4, 15, 20-1, 26, 29, 30, 33, 42-3, 45, 49, 50-1, 52-3, 54-5, 58, 60, 65, 67, 78-9, 86-7, 88, 97, 103-4, 121, 123, 137, 159, 161, 163
  antiamericanismo 38
  e atitudes públicas 14, 43, 45, 81-2, 86, 102, 141, 147-8, 157-8, 160, 165, 167, 171-2
  e estados decisivos para as eleições 117

e indiferença política da população
14, 16, 42, 173
e simpatia da população 13, 81
formação dos 16, 22, 83, 109, 124,
130, 132, 156, 177
política no. *Veja* política nos EUA
"Estudo Revela: Por que os Especialistas
Estão Errados..." 115, 121
ética da reciprocidade. *Veja* Regra de
Ouro
Europa 10, 25, 34, 62-3, 88, 111
externalidades 100
extrema-direita 117 *Veja também* Partido
Republicano
Exuberantes Anos 20 10, 76

Federação Nacional dos Fabricantes
(NAM, na sigla em inglês) 136
Federal Reserve 102
federalista, O (livro) 16
Ferguson, Thomas 115-6, 121
Filadélfia, Pensilvânia, EUA 16, 25
financeirização da economia 51, 53, 57, 67
Finlândia 90
força militar 68, 89, 128
Ford Motor Company 135
Ford, Henry 65, 75
Fortune 42, 100, 110
Forxconn 53 (ver grafia da palavra)
Frankestenn, Richard T. 135 (ver a grafia
da palavra)
Fraser, Douglas 128, 137
Fundo Monetário Internacional (FMI)
50, 103

General Electric 52, 71, 114-5
General Motors Corp. 67, 78, 114, 145
Geppetto Group 154
Gerstner, Louis 61
GI Bill of Rights. *Veja* Lei de Reintegração
Social de Ex-Combatentes
Gilens, Martin 157, 171
Glass-Steagall, Lei 94
globalização 73, 76
Goldman Sachs 71, 87, 99, 101
Grã-Bretanha. *Veja* Inglaterra
Gramm, Phil 94
Grande Depressão, A 9, 55, 94, 97-8,
125-6, 127
Grande Recessão, A 79

Greenspan, Alan 56, 64
Guatemala 144
guerra 31, 50, 83, 104, 111, 126-7, 130
Guerra Civil Americana 45, 75, 130
Guerra da Independência dos EUA 21
guerra nuclear 164-5

Hacker, Jacob S. 93, 107
Haglund, Margaretha 143, 153
Hendrickson, Robert C. 77
Heritage Foundation 96
Hill, George Washington 153
Holanda 75
"Homens da Ford Surram e Escorraçam
Sindicalistas de Rout Lewis" 124, 135
Hume, David 141, 151

Iluminismo 166
imigração 10, 76, 114
imperialismo 20
impostos 69, 70-1, 72, 82-3, 89, 96, 160
imprensa 33, 35, 39, 41, 119, 126, 130,
165, 175
Índia 69, 104
indígenas americanos 20, 44
indústria automobilística 59, 135
indústria da comunicação social. *Veja*
comunicação social
indústria farmacêutica 86
infraestrutura 88
Inglaterra 14, 16, 25, 63, 130
INI 110
Iniciativa de Defesa Estratégica (SDI, na
sigla em inglês) 104
Instituto de Tecnologia de Masschusetts
(MIT) 51
institutos de pesquisas interdisciplinares
avançadas 96
interesses especiais 34
International Business Machines 61
International Survey Research
Corporation 64
Internet 127, 144, 159, 168
*Investigação sobre a Natureza e as Causas da
Riqueza das Nações* 55, 62, 103, 110
iPhone 67, 144
IRI 110
Irlanda 104
Itália 37
Ivy League 83

Jackson, Andrew 44
Japão 34, 53, 88
Jefferson, Thomas 18, 26
Jorgensen, Paul 115, 121
"Jovens Operárias" 130, 139
JPMorgan Chase 87
Just Kids, Inc. 154
juventude 35 *Veja também* comunicação social, e crianças; medicamentos controlados e crianças.

Kantrowitz, Mark 84
Kennedy, Anthony 115
Kennedy, John F. 142
Keynes, John Maynard 50, 79
Kid Connection 154
Kid2Kid 154
King, Martin Luther, Jr. 22, 30
Koch, irmãos 129
Kroc, Ray 154
Krugman, Paul 89, 99
Ku Klux Klan 174

Labor-Management Group. *Veja* Comitê Consultivo sobre Questões Trabalhistas (EUA)
Lahart, Justin 52, 61
Lei da Aprendizagem, a 63
Lei de Assistência aos Pobres (Inglaterra) 63
Lei de Proteção ao Paciente e do Programa de Assistência Médica Acessível 87
Lei de Reintegração Social de Ex-Combatentes 83, 92, 47
Lei do Direito de Voto, 106
Lei Penal de Antiassociação Criminosa de Ohio (EUA) 174, 104
Lei Taft-Hartley 127
Lewis, John L. 128-9
liberalismo 34, 44, 102-3, 104-5, 159
liberdade 9, 10, 15, 20, 27, 29, 33, 39, 42, 55, 57, 103, 138-9, 142, 153, 165, 169, 4
liberdade de expressão 115, 120, 166-7, 175
Lichtenstein, Alex 147, 155
Lippmann, Walter 143
livre mercado. *Veja* economia de livre mercado

livre-iniciativa. *Veja* economia de livre mercado
lobismo 95, 108-9
Loewentheil, Nate 93, 107
Lógica da Reestruturação Internacional, A 100, 110
Louisville, Kentucky, EUA 125, 136
Lowell, Massachusetts, EUA 130, 139
lucros 49, 51-2, 53, 57-8, 71, 76, 100, 108, 132
   obtenção a curto prazo 61, 66

macarthismo 127
Macaulay, Angus 156
Madison, James 15-6, 17-8, 19, 129, 147
Malcolm X 22, 29
Mansfield, Lorde (William Murray) 21, 28
Marcha de Selma a Montgomery 177
Marcha sobre Washington 177
Marcuse, Herbert 33
Marketing to Kids Report (revista) 154
Marraquexe, Marrocos 162
Marte 13
marxismo 126
MBS. *Veja* valores mobiliários garantidos por hipoteca (MBSes)
McDonald's 57
Medicaid 86
medicamentos controlados 86
   e crianças 37, 46-7
Medicare 85-6, 87
Memorando Powell 33, 41, 126
mercado livre. *Veja* economia de livre mercado
México 53, 90, 104, 104, 132
Milão, Itália 38
Ministério da Fazenda (EUA). *Veja* Departamento do Tesouro (EUA)
MIT. *Veja* Instituto de Tecnologia de Massachusetts (MIT)
Montgomery, Alabama, EUA 176-7
Montgomery, David 124
Mubarak, Hosni 168
multinacionais. *Veja* empresas multinacionais

Nader, Ralph 33, 42, 44
NAFTA 114
NAM. *Veja* Federação Nacional dos Fabricantes (NAM)
Não Deixar Nenhuma Criança para Trás,

Lei do Programa de 36
National Center for Education Statistics. Veja Centro Nacional de Estatísticas em Educação (EUA)
negócios. *Veja* grandes empresas
negros. *Veja* afro-americanos
Nelson, Gaylord 22, 30
neo-esquerdismo 41
neoliberalismo 102-3, 104-5, 159. *Veja também* economia de livre mercado
New America Weekly 95, 108
New Deal 50, 95-6, 125-6
New York Times. *Veja* The New York Times
Nixon, Richard 33, 95
Nobel, Prêmio 99
Norquist, Grover 89
Nortistas (na Guerra Civil Americana) 130
"Novo Espírito da Época, o" 131
Nova Inglaterra, EUA 130
Nova York, EUA 60, 62, 114

"Obama Ganhou!..." 148, 156
Obama, Barack 87, 95, 98, 148, 160
Obamacare. *Veja* Lei de Proteção ao Paciente e do Programa de Assistência Médica Acessível
Ohio Criminal Syndicalism statute. *Veja* Lei Penal de Antiassociação Criminosa de Ohio (EUA)
oligarquia 27, 76
OPA. *Veja* Agência Reguladora de Preços (OPA)
Organização Internacional do Trabalho 123
Organização Meteorológica Mundial 163
OSHA. *Veja* Agência de Segurança do Trabalho (OSHA, na sigla em inglês)

Packard, Vance 155
Page, Benjamin I. 157, 171
País da Fast Food, O 145
Palin, Sarah 148
Panfletos de Fábrica 130, 139
"Para Onde Devemos Ir a Partir de Agora?", discurso 22, 30
Paris, França 162
Partido Comunista 124
Partido Democrata 73
Partido Republicano 73, 89, 94, 129, 130, 162
Partidos Trabalhistas (vários países) 142

Passageiros da Liberdade 177
Pentágono 86
Pesquisa Econômica 71, 78
pessoas idosas 85, 89, 91
pessoas negras. *Veja* afro-americanos
pluralismo enviesado, teoria do 171
plutonomia 66, 68-9
Plutonomia 66, 75-6, 77
pobreza 27-8, 31, 68-9
poder. *Veja* concentração de riqueza e poder
Política (livro) 19, 27-8
política nos EUA 13-4, 16
  e a extrema-direita da 117
  e a teoria do investimento na 116
  e o Tea Party na 118
  e os conservadores na 26, 114
  e os liberais na 26, 34-5, 39, 44, 114, 166
    democratas da 18, 26, 72-3
    "elites liberais e" 160
    neo-esquerdismo e 41
  e os republicanos na 73, 89, 94, 162
  guinada para a direita da 72-3, 94
políticas públicas (EUA) 43, 81, 86, 102, 160, 165, 167
  e criação de leis 125
  influências sobre as 14, 82, 157-8, 171-2
  versus opinião pública 147-8
Poor Laws. *Veja* Lei de Assistência aos Pobres (Inglaterra)
posse de terras 16-7, 25-6, 28, 146, 155
Powell Memorandum. *Veja* Memorando Powell
Powell, Lewis F., Jr. 33, 39, 41
Praça Tahrir, Cairo, Egito 168
"precariado" ou proletário em situação precária 66, 68
preocupações com o meio ambiente 22
  destruição e 60, 163
  justiça e 9
presidente dos EUA 16, 95, 104, 111, 116, 148
previdência social 81-2, 91, 104
Primavera Árabe 168
princípio do envelhecimento ativo 85
"princípio hediondo, o" 21
privatização 82, 85
privilégios 10, 44, 63, 67, 107, 130, 131
  Veja também concentração de riqueza

e poder
produção industrial 49, 51-2, 76, 127
e a terceirização internacional da 53, 55, 57, 59, 66-7
Produto Interno Bruto (PIB) 50, 51, 79
Produto Nacional Bruto (PNB) 31
programa "Guerra nas Estrelas" 105
Programa de Assistência Médica Acessível (ACA, em inglês) 87
Propaganda 142, 152-3
propaganda política 10, 16, 88, 118

Qualidade Nacional Bruta 31

Raghavan, Ramesh 47
Reagan, Ronald 66, 73, 87, 96-7, 104-5, 128, 148
reforma agrária 17
Reforma da Legislação Trabalhista, projeto de 138
regaste financeiro. *Veja* sistema financeiro, operações de socorro
regulamentação legal 93
  apropriação dos órgãos reguladores 95
  e a porta giratória do conflito de interesses 94
  e desregulamentação 13, 96-7, 101
Reino Unido. *Veja* Inglaterra
Relógio do Juízo Final 164
Reuther, Walter 135-6
Revolução Americana. *Veja* Guerra Civil Americana, *Veja* Guerra da Independência dos EUA
Revolução Industrial 103, 130
riqueza. *Veja* concentração de riqueza e poder
Riqueza das Nações, A. *Veja* Investigação sobre a Natureza e as Causas da Riqueza das Nações
Roaring Twenties. *Veja* Exuberantes Anos 20
Rockefeller, Nelson 73 (conferir grafia)
Rodale (empresa) 156
Roma, Itália 38, 151
Roosevelt, Franklin Delano 125-6, 142
Rubin, Robert 94, 99
Russell, Bertrand 164
Rússia 75

Sanders, Bernie 73
saúde 20, 53, 67, 72, 85-6, 87-8, 92, 104, 139, 144
Schlosser, Eric 145, 154
Schwarz, Alan 37, 46
Segunda Guerra Mundial 50, 83, 126-7
Segunda-Feira Negra 97
Selling to Kids 154-5
Senado (EUA) 15-6, 26, 64, 67, 77, 108
Serviço da Receita Federal 72
Serviço de Pesquisas do Congresso Americano 72
Short, William 18, 26
Singapura 53
sistema de saúde pública 92, 104
  custos do 92
sistema de saúde público 87
  alternativa popular 87
sistema financeiro 56, 100
  crises do 9, 49, 50, 71, 97-8, 99, 100, 101-2, 125, 173
  e especulação cambial 50
  e externalidades 100
  e manipulações cambiais 51
  instrumentos do 51, 67, 94, 101
  operações de socorro do 71, 98-9, 102
  regulamentação do 50, 93-4, 96
  risco sistêmico do 100, 101
Small Talk 154
Smith, Adam 14, 55, 62, 68, 81, 91, 103, 110, 161
Smith, Al 45
socorro financeiro. *Veja* sistema financeiro, operações de socorro
solidariedade 81-2, 90, 161
Somerset versus Stewart, o caso judicial 21, 28
Sproull Hall, na Universidade Berkeley 36
St. Louis, Missouri, EUA 47
Standard & Poor's 71, 78
Statute of Apprenticeship. *Veja* Lei da Aprendizagem, a
Stiglitz, Joseph 99
Suprema Corte dos EUA 33, 113, 115-6, 119, 120, 162, 166-7, 174-5, 176-7

Taiwan 53
Tax Foundation 70
Tea Party 118
Teoria dos Sentimentos Morais, A 81, 91
teoria sobre democracia representativa

majoritária 171
teoria sobre pluralismo majoritário 171
teorias de dominação das elites econômicas 171-2
terceirização internacional da produção 53, 57, 67
"testando teorias da política americana" 157, 171
Texas, EUA 104, 111
Thatcher, Margaret 66
The Crisis of Democracy 34
The Fall of the House of Labor 124
The Later Works 1925-1953 165, 173
The New York Times 37, 46, 87, 124, 135
The Wall Street Journal 52, 61
think tanks. *Veja* institutos de pesquisas interdisciplinares avançadas
Times versus Sullivan, o caso judicial 167, 176
torturas 53
totalitarismo 37-8
trabalho 55-6 *Veja também* classe trabalhadora
  direito de livre associação e 56, 123
  divisão do 68, 131
  e a carga horária dos trabalhadores americanos 56-7
  e a livre circulação de mão de obra 55, 62-3
  e greves 124-5, 126, 128, 135, 177
  e incentivos trabalhistas 64, 127
  e insegurança dos trabalhadores 53, 56, 64, 68
  e salário escravizante 91
  e sindicatos 56, 64, 69, 74, 108-9, 123, 127-8, 129, 130, 135-6, 137-8, 139, 168
  e violência contra trabalhadores 126, 135
  exploração do 20, 54 *Veja também* terceirização internacional da produção
  normas de segurança, saúde e higiene no 96
  organização e militância dos trabalhadores 59, 109, 123-4
transportes públicos 59, 60
Tribunal Superior do Rei 21, 28
Truman, Harry 125, 136
Trump, Donald 72, 117, 159, 160
Tyler, coronel John, Jr. 104, 111
Tyler, John 104, 111
Tulder, Rob van 100, 110

União Soviética 38
Union Stats 129
United Auto Workers (UAW) 128, 137
United Fruit Company 144
Universidade da Pensilvânia 83
Universidade de Washington 47

valores mobiliários garantidos por hipoteca (MBSes, na sigla em inglês) 101
Vanguard Group 61
Veblen, Thorstein 143
Veterans Administration 86
Vietnã 53
Virgínia, EUA 21
Você não Pode Ser Neutro Num Trem em Movimento 169, 177

Walter, Scott 92
Washington, D. C., EUA 35, 107-8, 109, 173, 177
White, Harry Dexter 50
Whitney versus Califórnia, o caso judicial 175
Wilkinson, Richard 20
Wilson, Charles E. 67, 77-8
Wilson, Woodrow 124, 142
Wisconsin, a sede do Legislativo de 129
WSJ.com 63

Youth Market Alert 154

Zinn, Howard 169, 177

Este livro foi composto nas tipografias
Minion, Legacy Sans e Officina Serif,
e impresso em papel off-white no
Sistema Digital Instant Duplex da
Divisão Gráfica da Distribuidora Record.